Kurt Tepperwein / Felix Aeschbacher · Öffne deine Schatzkammer!

Kurt Tepperwein /Felix Aeschbacher

Öffne deine Schatzkammer!

Durch Selbsthypnose das Unterbewusstsein neu programmieren

ENNSTHALER VERLAG, 4400 STEYR

www. ennsthaler.at

ISBN 3-85068-624-8

1. Auflage 2004
Kurt Tepperwein / Felix Aeschbacher · Öffne deine Schatzkammer!

Ennsthaler Gesellschaft m.b.H. & Co KG, 4400 Steyr, Österreich
Satz: www.houseofmedia.at

Inhaltsverzeichnis

Vorwort

Lieber Leser,

es wird so viel über Hypnose geschrieben und gesprochen und dabei werden gern und häufig phantastische Geschichten erzählt. Wir hören von Taten, die angeblich unter dem Einfluss der Hypnose ausgeführt wurden, von Menschen, die nicht mehr ins Bewusstsein zurückfanden, und von anderen makaberen Vorfällen, die jedoch jeglicher Realität entbehren.

Wir möchten aufräumen mit derartigen Vorurteilen und Ihnen lieber ein anderes, realistisches Bild der Hypnose zeigen und vor allem wollen wir uns den segensreichen Möglichkeiten widmen, die die Hypnose bzw. auch die Selbsthypnose bieten.

Wir machen Sie bekannt mit der Geschichte der Hypnose, mit den Techniken der Selbsthypnose und wir zeigen Ihnen eine Fülle von Lösungsvorschlägen für verschiedene Probleme. Doch ist die Problemlösung nicht unser einziges Anliegen, vielmehr möchten wir Ihnen auch einen Weg zeigen, wie Sie Ihr Leben schöner und erfüllter gestalten können, indem Sie ganz einfach auf die in Ihnen schlummernden geistigen Fähigkeiten zurückgreifen. Sie werden sich in einem anderen Bewusstseinszustand selbst besser erkennen können und durch diese erweiterte Perspektive fähig sein, mehr aus Ihrem Leben zu machen.

Wir wünschen Ihnen dabei viel Erfolg, die Erfüllung, die Sie anstreben und viel Freude!

I. ALLGEMEINES

1. Die Geschichte der Hypnose

Die Behandlung von Kranken durch einen trance-ähnlichen Heilschlaf ist uns aus allen Kulturkreisen und aus allen Zeitaltern her bekannt.

Schon im vierten Jahrtausend vor Christus wendeten die Sumerer die Hypnose an. Die Keilschriften aus der Priesterschule von Erech zeigen deutlich, dass bereits zu der damaligen Zeit Kranke durch den hypnotischen Schlaf Heilung erfuhren.

Bei den Indern findet man in der ältesten Sanskrit-Urkunde die Beschreibung der drei verschiedenen Schlaf-Ebenen, die vergleichbar sind mit den drei Tiefen des Trancezustands, nämlich Wachschlaf, Traumschlaf und Wonneschlaf. Und auch die heutigen Yogatechniken kommen teilweise ohne Selbsthypnose nicht aus.

Auf einem dreitausend Jahre alten Papyrus der Ägypter finden wir die Hypnosemethoden beschrieben, die zur Heilung Kranker eingesetzt wurden. Im alten Ägypten waren die Priester gleichzeitig als Ärzte tätig und wurden wegen ihrer Heilkunst gerühmt.

In Griechenland sprach man einst vom Tempelschlaf: Der Kranke, der einen Tempel aufsuchte, musste sich zuerst einer Diät unterziehen und wurde dann gebadet und gesalbt. Der Priester erzählte dem Kranken, dass durch diese Vorbereitungen bereits ein Heilungsprozess eingeleitet wurde. Erst dann durfte der Patient sich zum Schlafen legen. Während des Schlafs wurden die Selbstheilungskräfte dadurch aktiviert, dass der Priester immer wieder die gleichen Sätze in das Ohr des Kranken flüsterte. Kranke, die nicht einschlafen konnten, versetzte man durch Kräuterdämpfe in einen entspannten Zustand.

Diese Aufzählung frühzeitlicher Hypnoseberichte könnten wir noch lange fortsetzen. Doch wollen wir uns mehr mit unserem Breitengrad und unserer Zeit beschäftigen.

Die Hypnose war sowohl bei den Römern als auch bei den Griechen bekannt. Der so genannte »Tempelschlaf« wurde dann etwa in der Mitte des 6. Jahrhunderts von den christlichen Mönchen durch Wunderheilungen mit Gebeten, Reliquien und Handauflegen abgelöst.

Die erste Überlieferung der Selbsthypnose ist uns von griechischen Mönchen bekannt. Sie leiteten den tiefen Entspannungszustand ein, indem sie mit beiden Augen auf ihren Nabel blickten.

Anfang des 16. Jahrhunderts stellte Theophrastus Bombastus von Hohenheim, besser bekannt als Paracelsus, die These auf, dass der entscheidende Faktor einer Genesung der „innere Arzt" sei.

Er berichtete, dass Kranke durch den konzentrierten Blick auf Kristallkugeln in einen tiefen Schlaf gesunken seien. Die behandelnden Mönche gaben den im Entspannungszustand befindlichen Kranken entsprechende Suggestionen ein, die eine Heilung einleiteten. Die Inquisition stoppte derartige Heilkünste; der hypnotische Schlaf geriet in Vergessenheit.

Erwähnen möchten wir hier wenigstens die bekanntesten Verfechter der Hypnose:

- Der Jesuitenpater Athanasius Kircher (1606 - 1680) erarbeitete die erste wissenschaftliche Abhandlung über die Tierhypnose.

- Der Jesuitenpater und Astronom Professor Maximillian Hell (1720 - 1792) heilte ca. 60 % seiner Patienten, indem er die erkrankten Körperteile als Magnet nachformte und am Leib, und zwar auf dem erkrankten Organ, befestigte.

Die moderne Geschichte der Hypnose wurde durch Franz Anton Mesmer (1734 - 1815) eingeleitet, der erkannte, dass keine Materialien zur Erreichung des Heilschlafes nötig sind.

Er entwickelte die These, dass allein die Wirkung des Fluidums genügt, das von dem behandelnden Arzt ausgeht, um den Kranken zu magnetisieren. Unter Fluidum verstand er die kosmische Art der Elektrizität - seiner Meinung nach die einzige wirklich bewegende Kraft. Er glaubte, dass er durch seine eigenen magnetischen Kräfte, also durch sein Fluidum, die Energie im Körper des Patienten wieder in den richtigen Fluss bringen konnte. Er arbeitete mit Streichbewegungen von oben nach unten, die als »Mesmersche Striche« in die Geschichte eingingen.

1775 machte er seine Theorie durch 27 Lehrsätze bekannt. Für ihn war die Auslösung einer Heilkrise wesentlicher als die »Einschläferungsphase«. Diese seine Theorie wurde bekannt als »animalischer Magnetismus«.

Erst ein gutes Jahrhundert später entdeckte die Psychoanalyse Mesmers Erfahrung: Der Patient kann überhaupt nur auf eine Therapie ansprechen, wenn das vorhanden ist, was wir heute »Übertragung« nennen.

Mesmer war äußerst erfolgreich und wurde aus diesem Grund natürlich auch sehr angefeindet. Dies führte dazu, dass seine Lehren von der französischen Akademie der Wissenschaften überprüft werden sollten. Die Kommission befand seine Heilergebnisse als unwissenschaftlich und schrieb sie lediglich der Einbildungskraft zu. Der »Mesmerismus« wurde verboten. Doch die Erfolge Mesmers wurden über die Landesgrenzen hinaus bekannt und seine Lehre wurde in Russland, Dänemark und auch in Bayern überprüft.

Dies war übrigens die erste internationale wissenschaftliche Untersuchung der Hypnose.

Was bei uns unter der Bezeichnung Hypnose bis zum heutigen Tag umkämpft und umstritten ist, wurde bei den Naturvölkern schon seit Anbeginn praktiziert und ist bis heute unter dem Begriff der Trance existent.

Je nach Kulturkreis und Stand der Entwicklung werden auch heute noch die uralten kulturellen Riten praktiziert, die zwar verschiedene Namen haben, doch im Grund auf einen Nenner gebracht werden können: Hypnose.

Die rituellen Zeremonien haben meist einen religiösen Hintergrund und werden bei großen Festen nach genauem Ablauf vollzogen.

In Bali z.B. gibt es sehr viele Tempelfeste, die oberflächlich betrachtet jeweils einem anderen Gott gelten. Doch handelt es sich hier immer nur um einen einzigen Gott, allerdings in wechselnder äußerer Gestalt. Bei solchen Feierlichkeiten singen Frauen, während Mädchen mit geschlossenen Augen tanzen, bis sie in Trance um das Opferfeuer fallen. Diese Mädchen haben nie tanzen gelernt, doch sind ihre Bewegungen vollendet, rhythmisch und harmonisch. Mit wachem Bewusstsein hätte es jahrelangen Unterrichts und Trainings bedurft, um zu einem solchen Bewegungsablauf zu gelangen.

Solange die Frauen singen, befinden sich die Mädchen in einem leichten Trance-Zustand. Hört die Musik jedoch auf, fallen sie in

Volltrance auf den Boden. Priester bringen die Mädchen wieder ins Bewusstsein zurück. Nach dem Glauben der Balinesen durchdringt ein göttlicher Geist die Tänzerinnen, sodass sie zu dieser vollendeten Bewegung fähig werden, die in einem bewussten Zustand gar nicht möglich ist. In Bali wird Trance als ein höherer Bewusstseinszustand gewertet.

Eine andere Form der Trance finden wir ebenfalls in Bali: Maskenspiele, aufgeführt von Laien. Der einzelne Spieler identifiziert sich so sehr mit seiner Maske, von der geglaubt wird, dass sie Zauberkraft besitzt, dass er nur noch emotional aus dem Unterbewusstsein heraus handelt und reagiert.

Alte Masken haben viel Zauberkraft, neue müssen erst getestet werden. Masken, die Zauberkraft enthalten, werden bei einem Fest eingeweiht. Auch hier wird ein Trancezustand herbeigeführt - sozusagen eine Massentrance. Gott ist dann in die Menschen gefahren. Die Teilnehmer sehen nichts mehr; ihre Blicke sind leer, ihre Gesichter verzerrt - sie brechen zusammen, stoßen unnatürliche Schreie aus. Friedliche Menschen werden zu schreienden Monstern, Besessene stechen mit Messern und Dolchen zu, ohne sich oder andere jedoch zu verwunden.

Auch aus Indien sind ähnliche Feste bekannt, bei denen sich Gurus mit Messern verstümmeln. Sie schneiden sich z.B. die Zunge ab, dabei fließt kein Tropfen Blut. Später setzen sie die Zungenspitze wieder an. Wenn der Trancezustand beendet ist, befinden sich die Teilnehmer in bester Verfassung.

In Nepal wurde schwarze Magie gesetzlich verboten. Doch in entlegenen Dörfern wird nach wie vor nach den alten Gesetzen der Überlieferung gelebt. Krankheiten, die durch böse Geister ausgelöst werden, müssen nach alten Riten durch einen Zauberer geheilt werden. Der Dorfzauberer versetzt sich in Trance: zu Beginn leiser, dann immer lauterer und schnellerer Trommelwirbel, der später einförmig wird, sobald der Zauberer sich in Trance befindet. Der Zauberer, Jhakri genannt, atmet stoßweise und sein Körper zuckt; er spricht mit den Göttern in einer Sprache, die niemand versteht. Der Patient ist bei seiner Heilung nicht anwesend. Sobald der Zauberer seinen Trancezustand beendet hat, ist der Patient geheilt. Derartige Bräuche und Heilungsverfahren müssen natürlich als eine Form der Religion bzw. des Glaubens an die Götter und Geister verstanden werden.

Ähnliche Riten finden wir in Afrika, wo Medizinmänner die Geister austreiben. Basis für alle derartigen Geschehen ist der Hypnotismus.

Nun haben wir einen kurzen Einblick über die Geschichte der Hypnose und ihre vielfältige Ausübung auch heutzutage gewonnen. Doch -

2. Was ist Hypnose?

Der große Brockhaus definiert Hypnose als

»eine künstlich herbeigeführte Veränderung des Wachzustandes (suggerierter schlafähnlicher Zustand) .... Hypnose ist ohne freiwillige Bereitschaft des Patienten nicht durchzuführen ... Der Name Hypnose ist irreführend, da dieser Zustand in physiologischer und verhaltensdynamischer Hinsicht kaum etwas mit Schlaf gemeinsam hat. In der Hypnose verliert der Mensch seine

Planungsfähigkeit, er wird initiativlos, seine Aufmerksamkeit richtet sich gesteigert auf den Hypnotiseur, sein Realitätsbezug wird schwächer (Raum und Zeit werden bedeutungslos, Halluzinationen können auftreten). In diesem Zustand ist er der Suggestion leichter zugänglich, er übernimmt ungewohnte Rollen (Rückversetzung ins Kindesalter) ...«

Hypnose ist ein dem Schlaf ähnlicher Zustand, eine Phase in etwa vergleichbar mit einem »halben« Bewusstsein - dem Zustand zwischen Wachen und Schlafen, hier allerdings bewusst herbeigeführt.

Wie auch beim Autogenen Training arbeiten die Körperfunktionen langsamer, der Herzschlag vermindert sich, Blutdruck und Sauerstoffverbrauch sinken ebenfalls, auch die Haut wird kühler. Im Gegensatz zu den körperlichen Funktionen wird die geistige Fähigkeit aktiviert. Die Suggestibilität, d.h. die Aufnahmebereitschaft für »Befehle«, erhöht sich.

Die Hypnose wird von jedem Einzelnen verschieden empfunden - es handelt sich hier um ein ganz persönliches Erleben, das jeder nur für sich selbst empfinden kann. Ein wesentlicher Punkt bei dieser Erfahrung ist die Vorstellung des Patienten von der Hypnose. Je höher die Erwartung, umso schwieriger ist es für ihn, ganz vom Verstand loszulassen.

Die Mitarbeit des Patienten ist unbedingt erforderlich, eine Tiefenentspannung ist sonst unmöglich.

Jede Hypnose hat einen bestimmten Zweck. Sie ist deshalb immer abhängig vom Ziel, von der Umgebung, von den Voraussetzungen, die der Hypnotiseur und der Hypnotisierte mitbringen.

Hypnose-Shows in Diskotheken dienen der Unterhaltung, der KGB versucht, Spionen Informationen in Hypnose zu entlocken, und der eifersüchtige Ehemann möchte seine Frau in Hypnose versetzen, um endlich die Bestätigung für seine Verdächtigungen zu erhalten. Wir wollen uns von all diesen Methoden deutlich abgrenzen.

Unser Ziel ist es, die Hypnose bzw. Selbsthypnose zu nutzen, um unser Leben erfüllt, harmonisch und glücklich zu gestalten. Deshalb wollen wir uns mit den heilsamen Elementen der Hypnose befassen.

Die Hirnströme werden in Hertz gemessen, das ist die Anzahl der Schwingungen pro Sekunde. Diese Wellen werden aufgeteilt in:

- Deltawellen mit Frequenzen unter 8 Hertz (bei natürlichem Schlaf)
- Betawellen mit Frequenzen über 13 Hertz (bei voller geistiger Aktion)
- Alphawellen mit Frequenzen von 8 bis 12 Hertz (im Zwischenstadium Wachen - Schlafen; also dem hypnotischen Zustand)

Das EEG (Elektroenzephalogramm) macht durch die Aufzeichnung der Hirnströme sichtbar, in welchem Zustand sich der Patient befindet. Die Hypnose ist hier deutlich abgegrenzt gegenüber der Schlafphase.

Es gibt fünf verschiedene Tiefen im Hypnosebereich, wobei jedoch für uns eine Aufteilung in drei Bereiche genügt (die übrigens bereits vor fünftausend Jahren schon bei den Sumerern berücksichtigt wurde):

1. Leichte Hypnose, »Somnolenz«: Schläfrigkeit und Gliederschwere; die willkürlichen Impulse können sich nicht mehr gegen die Suggestionen durchsetzen.
2. Mittlere Hypnose, »Hypotaxie«: Tiefer Entspannungszustand mit stark reduziertem Bewusstsein, stark eingeschränkter Urteilsfähigkeit.
3. Tiefe Hypnose, »Somnambulismus«: Tiefe, schlafwandlerische Vollhypnose. Die Rückerinnerung an Suggestionen fehlt, posthypnotische Suggestionen können verankert werden.

Der Übergang von einer Tiefe in die andere erfolgt fließend und ist oft kaum erkennbar.

Hypnose bewirkt eine Ausschaltung des Bewusstseins, eine Herabsetzung der Aufnahmefähigkeit für äußere Eindrücke und vergrößert die Bereitschaft zur Aufnahme von Suggestionen. Verdrängte Erlebnisse können in das Bewusstsein aufsteigen. Große Gelassenheit und innere Harmonie breiten sich aus.

Bezeichnend für einen Zustand in der Hypnose ist die völlige Ruhe und Durchlässigkeit des gesamten Körpers. Der Atem ist ruhig und gleichmäßig, der Patient fühlt sich wohl und der Körper erholt sich besser als beim normalen Schlaf, in dem häufig Verkrampfungen nicht gelöst, sondern sogar ausgelöst werden. Die Bewusstseinssituation wird verändert, das Wach-Bewusstsein ist ausgeschaltet und dadurch verlieren belastende Probleme an Bedeutung, Beklemmungen lösen sich auf und Harmonie breitet sich aus.

Um in diesen Zustand zu gelangen, brauchen wir einen Therapeuten, der uns in diese schlafähnliche Phase führt. Der Patient bleibt immer in Verbindung mit dem Hypnotiseur, er hört ihn sprechen. Bei tief verwurzelten Problemen ist es ratsam, sich an einen erfahrenen Fachmann zu wenden, um mit einer gezielten Therapie nicht nur die Ursachen für die Beschwerden zu erkennen, sondern sie auch konsequent aufzuarbeiten.

Wir möchten unser Leben positiv verändern, möchten negative Verhaltensweisen abbauen und uns selbst finden. Wir wollen unsere Kräfte aktivieren, wollen unser Abwehrsystem stärken, um gesund und körperlich und seelisch fit zu bleiben. Und hier ist die Selbsthypnose das Mittel unserer Wahl.

3. Hypnose - Selbsthypnose

(Fremd-)Hypnose wird immer durch eine andere Person eingeleitet; es besteht eine ständige Verbindung (Rapport) zwischen Hypnotiseur und Hypnotisierten. Selbsthypnose kann auch als Autosuggestion bezeichnet werden. Sie wird von manchen als nicht so effektiv wie Hypnose gewertet. Dabei ist jedoch zu berücksichtigen, dass die Selbsthypnose ein ganzes Leben lang angewendet werden kann, während Hypnosetherapien zeitlich begrenzt sind.

Im Vergleich zur Hypnose also, die durch einen Therapeuten eingeleitet wird, sind wir bei der Selbsthypnose allein auf uns angewiesen, um in einen Trancezustand zu gelangen. Das ist gar nicht so schwierig, wie Sie jetzt vielleicht denken mögen.

Einen Grundgedanken sollten Sie jedoch tief in sich verankern:

Erzwingen Sie nie etwas, sondern gehen Sie die Arbeit an sich selbst immer ruhig und gelassen an. Sie blockieren sich selbst, wenn Sie mit exakten Vorstellungen über einen Erfolg an die Entspannung herangehen.

Selbsthypnose ist nichts anderes als eine vertiefte Entspannung. Und wie könnte sich jemand ent-spannen, wenn er ge-spannt auf das Ergebnis wartet?!

Unsere Gedanken sind in großem Maß für den Verlauf unseres Lebens verantwortlich. Gedanken, hinter denen Gefühle stehen, sind noch wirkungsvoller, denn sie enthalten Emotionen, also starke Energien.

Sie haben sicher schon von den Yogis gehört, die allein durch Gedankenkraft und die bildhafte Vorstellung von bestimmten Situationen »Unmenschliches« vollbracht haben.

Denken Sie nur an die Fakire, die sich auf Nagelbretter legen und LKWs über sich fahren lassen. Sie stehen ohne eine einzige Schramme auf. Es gibt viele derartige Ereignisse, die allein durch Gedankenenergie möglich sind. Wir können dies übrigens auch als Selbsthypnose bezeichnen. Der Fakir versetzt sich in einen Entspannungszustand, in dem er seinem Unterbewusstsein durch Worte und Bilder sein Ziel »eingibt«. Dadurch werden enorme Kräfte frei, die sogar bis zu körperlichen Veränderungen führen können.

In einem Bericht über Tibet hören wir von einem Mönch, der sich drei Jahre, drei Monate und drei Tage zur Meditation auf einen einsamen Gipfel hoch oben im Himalaja zurückgezogen hat. Er sprach während dieser Zeit mit keinem Menschen, war tagein, tagaus - bei extremsten Temperaturen - nur mit einem einfachen Baumwolltuch bekleidet. Sein Leben bestand aus Meditation, Loslassen von allem Äußeren und in der Hinwendung zu seinem inneren Meister. Genau auf den Tag, ja sogar auf die Minute, kam er wieder in sein Dorf.

Das Überleben unter solchen Bedingungen war nur möglich durch die Selbsthypnose, in die der Mönch sich versetzt hatte. Mit seinem Ziel vor Augen hat er die in ihm angelegten Energien freigesetzt und für seine Zwecke genutzt. Er hat Gott - die höhere Macht - in sich und durch sich wirken lassen. Das ist das Geheimnis. Sein innerer Führer hat ihm den Weg gezeigt, in Kälte und Einsamkeit unter extremsten Bedingungen nicht nur zu überleben, sondern sich weiterzuentwickeln.

> »Wunschlosigkeit macht still
> und die Welt wird von selbst recht.« *(Laotse)*

Nun - keine Angst, wir machen mit Ihnen nicht so strapaziöse Übungen, gehen nicht einen derart beschwerlichen Weg. Wenngleich wir zugeben müssen, dass der Weg nach innen, zu unserer Mitte, auch nicht immer mit weichen, dicken Teppichen ausgelegt ist.

Gerade in unserer Zeit, in der Äußerlichkeiten die größte Bedeutung erlangt haben, fällt ein Umdenken - in die entgegengesetzte Richtung - vielleicht nicht so ganz leicht. Doch werden Sie an sich selbst erfahren, was es bedeutet, in seiner Mitte zu ruhen, innere Harmonie gefunden zu haben und seine eigene Kraft zu fühlen. - Bevor wir in die praktische Arbeit einsteigen, wollen wir uns noch ein wenig mit der Theorie, mit allem Wissenswerten über die Hypnose und die Selbsthypnose befassen. Die Selbstbeeinflussung nennen wir Selbsthypnose oder Autosuggestion; die Fremdhypnose hingegen wird von einem Therapeuten eingeleitet und durchgeführt. Doch beiden Methoden ist gemeinsam, dass das Unterbewusstsein gezielt angesprochen und das Bewusstsein bzw. der Verstand umgangen wird.

II. THEORIE

1. Ist Hypnose gefährlich?

Diese Frage ist eindeutig mit NEIN zu beantworten, wenngleich wir folgenden Punkt nicht unbeachtet lassen dürfen: Alles - auch die segensreichste Einrichtung - kann für schlechte Zwecke missbraucht werden.

Nehmen wir nur einmal Arzneimittel: Richtig eingesetzt und dosiert, können sie heilen. Schlaftabletten können Schlafstörungen beheben - eine ganze Schachtel auf einmal geschluckt, kann aber auch zum Tod führen.

Hypnose ist eine ausgezeichnete Therapieform, wenn sie fachgerecht durchgeführt wird. Es sind dabei unbedingt die richtigen Befehle zu beachten, die ein Laie oft nicht einmal kennt oder zumindest leicht vergisst. Wer sich z.B. in Hypnose suggeriert: »Ich fühle nie mehr Schmerz«, begibt sich in die Gefahr, tatsächlich schmerzunempfindlich zu werden. Und das kann natürlich gefährliche Situationen zur Folge haben. In diesem Fall allerdings schwächt sich die Wirkung der Suggestion langsam selbst ab. Es gibt gewisse innere Sperren, die nur schwer durchbrochen werden können.

Wenn - was in den Hypnose-Shows gerne vorgeführt wird - der Hypnotisierte ein Glas Wasser trinkt, das als Rum bezeichnet wird, dann tritt natürlich die suggerierte Wirkung ein: ein alkoholisierter Zustand. Wer vergisst, diese Formel wieder aufzuheben, wird -

immer wenn er ein Glas Wasser trinkt - die Reaktion erfahren, die ein Glas Rum hervorruft.

Doch am meisten und am liebsten werden die Thesen vertreten, dass der Patient seinen Willen verlieren kann, vom Hypnotiseur abhängig und im Zustand der Hypnose missbraucht wird - das geht dann bis zur Anstiftung zum Mord.

Derartige Spekulationen eignen sich wohl für die Boulevardpresse, entbehren jedoch jeder wissenschaftlichen Grundlage und entsprechen in keinem Fall der Wirklichkeit. Vielmehr wird hier ein Vorurteil genährt, in dem sich die Angst vieler Menschen widerspiegelt, zu ihrem tiefen Ich vorzudringen und vom Verstand bzw. dem Bewusstsein loszulassen. Diese Angst wird häufig durch Argumente überspielt wie: »Ich habe einen starken Willen und kann deshalb nicht hypnotisiert werden.«

Es ist erwiesen, dass ein Mensch auch in Hypnose nur zu dem fähig ist, was er auch in vollem Bewusstsein durchführen könnte. Der Befehl - in Hypnose gegeben - seinen Nachbarn zu erschießen, wird niemals zur Tat führen. Es sei denn, der Hypnotisierte hatte bereits diesen Wunsch. In einem solchen Fall könnte die Hypnose sozusagen »wunschverstärkend« wirken. Doch dies sind rein theoretische, spekulative Annahmen. Uns ist kein derartiger Fall bekannt.

Die einzige Gefahr bei einer Hypnose besteht also darin, dass falsche Befehle gegeben werden bzw. die Verbindung zwischen Hypnotiseur und Hypnotisiertem abbricht. Doch selbst das stellt kein unüberwindliches Hindernis dar. Der Hypnotisierte wird automatisch nach einer Weile in eine Schlafphase überwechseln, aus der er von selbst erwacht.

Bei der Selbsthypnose sind derartige Situationen von vornherein nicht gegeben, da Ihre Entspannung nur von Ihnen allein abhängt, von Ihnen eingeleitet und beendet wird. Große Aufmerksamkeit sollten Sie den Befehlen, der exakten Wortwahl widmen, damit Sie hier keine Probleme verursachen.

Hypnose ist als Therapie nicht so populär, weil sie sehr zeitaufwändig ist. Für eine Sitzung sollten mindestens 60 Minuten angesetzt werden. Es ist deshalb natürlich einträglicher, ein Rezept auszuschreiben, wenngleich die Tabletten in ihrer Wirkung nicht mit den nachhaltigen Veränderungen, die eine Hypnosetherapie einleiten kann, vergleichbar sind.

2. Warum haben Sie Angst vor Hypnose?

Hypnose basiert auf Suggestionen, die im Entspannungszustand verstärkt wirken. Aber auch im Wachbewusstsein ist unser Unterbewusstsein immer offen für Gedanken, Bilder, Gefühle und Eindrücke.

Es wird Sie wahrscheinlich überraschen, wenn Sie sich bewusst machen, dass Sie sich selbst schon viele Male in Ihrem Leben hypnotisiert haben. Ein amerikanischer Arzt beschrieb einmal in einem sehr interessanten Artikel die so genannten Tagträume als eine Art der Hypnose. Sie kennen bestimmt auch Momente, in denen Sie sich ganz stark auf etwas konzentrieren - sei es bei einem Theaterstück, bei der Lektüre eines Buches oder ganz einfach bei einem traumhaften Sonnenuntergang -, Sie fallen in solchen Augenblicken in einen leichten Trancezustand. Dieser hypnotische Zustand entwickelt sich oft auch in der Kirche; durch die Atmosphäre, die Musik und die Düfte entfernen sich viele Menschen von der Realität und gelangen in eine Tiefenentspannung.

Oder aber Sie fahren lange auf der Autobahn mit mittlerer Geschwindigkeit und bei wenig Verkehr. Kennen Sie auch dieses Gefühl, dass Sie durch das Eintönige, Monotone immer unaufmerksamer werden und Sie sich plötzlich erschreckt fragen, ob Sie beim Spurwechsel auch nach hinten geblickt haben? Auch dies ist eine Art Hypnose.

Diese Beispiele sollten Ihnen nur zeigen, wie natürlich hypnotische Zustände für uns sind und wie einfach sie sich in unser tägliches Leben einfügen, wie wir sie - unbewusst - als ganz etwas Natürliches empfinden.

3. Wer ist für Hypnose / Selbsthypnose geeignet?

Hypnose eignet sich für alle Menschen, die den Wunsch haben, sich selbst zu erfahren, sich besser kennen zu lernen und ihre positiven Anlagen verstärken bzw. negative Tendenzen abbauen wollen. Hypnose ist erfolgversprechend bei allen Krankheiten, deren Ursachen im seelischen Bereich liegen.

Grundvoraussetzung ist die innere Bereitschaft, sich zu hypnotisieren oder sich hypnotisieren zu lassen. Auch ein gewisses Maß an Denkvermögen und Konzentrationsfähigkeit ist notwendig.

Das größte Hindernis dabei ist der feste Vorsatz, sich jetzt sofort zu hypnotisieren. Mit einer solchen Einstellung erreicht man garantiert das Gegenteil. Bei allen unbewussten Vorgängen wirkt der starke Wille negativ. Wer unbedingt einschlafen möchte, der weiß, was er mit einem solchen Gedanken bewirkt - schlaflose Nächte!

Die Hypnotisierbarkeit ist individuell verschieden, doch genügt es durchaus, in einen leichten bis mittleren Entspannungszustand zu gelangen. Die Tiefenentspannung ist für eine therapeutische Behandlung sowieso nicht geeignet. Menschen, die intuitiv sind, lassen sich leichter hypnotisieren als Menschen, die verstandesmäßig reagieren. Sie wollen und brauchen nämlich erst einmal eine logische Erklärung.

Auch willensstarke Menschen sind hypnotisierbar. Es ist ein Gerücht, dass lediglich willensschwache und geistig labile Menschen für die Hypnose geeignet sind.

Wenn Sie herausfinden möchten, ob Sie leicht zu hypnotisieren sind, dann füllen Sie den Selbsttest-Bogen auf der nächsten Seite aus.

SELBSTTEST-BOGEN

	nein	ja
Sie beherrschen bereits Entspannungsübungen, wie Autogenes Training, Yoga o.Ä.		
Sie können sich sofort entspannen, wenn Sie nervös sind		
Sie haben Ihre persönliche Einschlaf-Technik		
Sie leben manchmal in Ihrer Traumwelt - weit weg von der Realität		
Sie können jemandem zuhören, ohne den Sinn zu erfassen		
Sie verfügen über eine lebhafte Phantasie		
Sie haben eine ausgeprägte bildhafte Vorstellungskraft		
Angenehme Erlebnisse und Vorstellungen lösen in Ihnen angenehme Empfindungen aus		
Wenn Sie einen Film sehen, erleben Sie das Geschehen intuitiv		
Ihre Gefühle sind spontan, flauen aber auch schnell wieder ab		
Sie werden leicht unruhig und ungeduldig, wenn Sie warten müssen		
Sie lassen sich schnell zu unkontrollierten Reaktionen hinreißen		
Sie sind leicht beeinflussbar		
Sie lassen sich schnell einschüchtern		
Sie lassen sich schnell von der Arbeit ablenken		
Sie verhalten sich passiv, wenn es um Entscheidungen oder wichtige Dinge geht		
Ihnen imponiert das selbstbewusste Auftreten anderer		
Sie brauchen ständig Kontakt zu anderen		
Sie können nur schwer NEIN sagen		
Es gibt Menschen, denen Sie blind vertrauen		

Zählen Sie alle Antworten zusammen und berechnen Sie jedes JA mit 1 Punkt.

0 - 4 Punkte:	Sie sind schwer zu hypnotisieren.
4 - 11 Punkte:	Ihre Hypnosebereitschaft entspricht dem Durchschnitt.
12 - 20 Punkte:	Sie lassen sich leicht hypnotisieren.

4. Wer darf sich nicht in einen Trancezustand versetzen?

Von einer Selbstbehandlung ist bei folgenden Symptomen und Erkrankungen dringend abzuraten:

- Geisteskrankheiten (wie Schizophrenie, Epilepsie, endogenen Psychosen, Altersschwachsinn)
- Hypotonie
- mangelnder innerer Bereitschaft
- Neigung zu Kurzschlusshandlungen
- hochgradigen Intelligenzdefekten

In diesen Fällen ist ein geeigneter Therapeut zu konsultieren.

5. Was kann ich durch Selbsthypnose erreichen?

Über die gezielte Tiefenentspannung ist es möglich, sein Bewusstsein zu erweitern und zu einer anderen Lebenseinstellung zu finden, seinem Leben einen Sinn zu geben und mit sich selbst in Einklang zu stehen.

Allein dies wäre schon einen Versuch zur Selbsthypnose wert. Doch vermag diese Art der Entspannung noch viel mehr: Sie kann positive Energien freisetzen und sie gezielt dahin leiten, wo sie dringend benötigt werden, z.B. zur Einleitung eines Selbstheilungsprozesses oder zur Konfliktlösung.

Durch Selbsthypnose ist erreichbar:

- erfülltes Gefühlsleben (Zulassen der Gefühle, Abbau von Frigidität bzw. Impotenz, sich öffnen für den anderen, Liebe geben und nehmen)
- tiefes Selbstbewusstsein und -vertrauen (Auflösung von Minderwertigkeitsgefühlen, Steigerung der Selbstachtung)
- Aktivierung der Lebensenergie
- Lebensfreude
- Entscheidungsfähigkeit, Steigerung der Lern- und Konzentrationsfähigkeit
- Problemlösung in allen Bereichen (Familie, Partnerschaft, Beruf)
- Beeinflussung von gesundheitlichen Störungen (Kopfschmerzen, Asthma, Schlaflosigkeit etc.)
- Abbau seelischer Belastungen (Angst, Depressionen, Stress etc.)

- Entdeckung versteckter Fähigkeiten
- innere Freiheit und Offenheit für Neues
- Lösung von Abhängigkeiten (Nikotin, Alkohol)
- Sicherheit, Gelassenheit, Glück

Wenn Sie Ihre Zukunft anders gestalten wollen, dann sollten Sie sich über sich selbst klar werden, sollten sich intensiv mit Ihrer derzeitigen Situation befassen, damit Sie sich Zielpunkte setzen können. Der folgende Fragebogen sollte Ihnen bei der Klärung helfen.

MEIN DERZEITIGER IST-ZUSTAND:

Datum:

Bitte nur ankreuzen:

	gut	mittel	schlecht
Ich fühle mich allgemein			
Mein Gesundheitszustand ist			
Meine seelische Verfassung ist			
Meine private Situation ist			
Meine berufliche Lage ist			
Meine Lebensfreude ist			
Mein Erfolg bei der Verwirklichung meiner Wünsche ist			

	sehr / viel	mittel / ein wenig	überhaupt nicht/s
Ich bin mit mir zufrieden			
Ich will mich verändern			
Ich will an meinem Leben verändern			

ZIELSETZUNG:

Ich möchte mein Leben in folgenden Bereichen verändern:

1. Im privaten Bereich:
    1.
    2.
    3.

2. Im gesundheitlichen Bereich:
    1.
    2.
    3.

3. Im beruflichen Bereich:
    1.
    2.
    3.
4. An mir, meiner Einstellung, meinem Verhalten:
    1.
    2.
    3.

Tragen Sie Ihre Ziele entsprechend der Wichtigkeit ein. Sie können diese Liste natürlich auch auf Ihre ganz persönliche Situation abwandeln oder entsprechend ergänzen. Setzen Sie sich keine Grenzen - seien Sie ganz offen zu sich selbst, denn so haben Sie die besten Voraussetzungen für einen Erfolg.

»Zu wissen, wie man etwas macht,
ist nicht schwer.
Schwer ist nur,
es zu machen.« *(chinesische Weisheit)*

6. Wie funktioniert das Unterbewusstsein?

Es gibt verschiedene Bezeichnungen für das Bewusstsein, wie z.B. das Überbewusstsein, das Wachbewusstsein etc. Und sicher haben Sie auch schon oft die unterschiedlichsten Namen für das Unterbewusstsein gehört wie: das Unbewusste, ES, das Vorbewusstsein oder auch den Begriff Über-Ich.

Wir wollen - der Einfachheit halber - bei »Bewusstsein« (manchmal als Verdeutlichung auch Wachbewusstsein im Gegensatz zur Trance) und »Unterbewusstsein« bleiben:

Das Bewusstsein kann auch als der Verstand, der Intellekt oder auch als logisches Denken interpretiert werden, während das Unterbewusstsein als Sitz der Emotionen bezeichnet wird. Mit einem Eisberg verglichen, macht das Bewusstsein - als der sichtbare Teil über dem Wasserspiegel - nur 10 % unseres Seins aus. Die restlichen 90 % - also das Unterbewusstsein - sind ziemlich unsichtbar unter Wasser.

Obwohl schon die alten Griechen die Existenz des Unbewussten kannten, ist uns heute immer noch nicht die genaue Arbeitsweise und Struktur des Unterbewusstseins bekannt. Sicherlich haben Forschung und Fortschritte in der Psychoanalyse dazu beigetragen, dass wir gröbere Zusammenhänge besser erkennen können. Besonders Freud ist hier zu erwähnen, der den unbewussten Vorgängen im Menschen und deren Folgen eine größere Bedeutung gab. Es ist inzwischen hinreichend bekannt, dass die überwiegende Zahl der heutigen Krankheiten seelische und psychische Auslöser hat. Umso erstaunlicher ist es, dass die Erkenntnisse über die Struktur des Unterbewusstseins noch nicht weiter fortgeschritten sind.

Besonders die so genannten Zivilisationserscheinungen wie Stress, Unzufriedenheit, Konsumzwang lösen weit mehr körperliche Beschwerden aus, die sich zu lebensgefährlichen Krankheiten entwickeln können, als allgemein angenommen wird. Gerade deshalb ist es für uns so wichtig, das große Potential in uns zu entdecken und diese Kraft für unser körperliches und seelisches Wohlbefinden einzusetzen.

Im Unterbewusstsein sind absolut alle Erfahrungen und Empfindungen gespeichert, die wir jemals gemacht haben - von der vorgeburtlichen, der pränatalen Phase bis zum heutigen Tag.

Erinnern können wir uns nur an einen Bruchteil davon, an ganz bestimmte Situationen. Doch jede Erfahrung - sei sie positiver oder negativer Art - beeinflusst unser Handeln, unser Empfinden und unser tägliches Leben. Ängste im Erwachsenenalter werden oft durch unbedachte Kleinigkeiten in frühester Kindheit ausgelöst, z.B. durch den elterlichen Zwang, nachts mit geschlossenen Vorhängen schlafen zu müssen. Diese kleinkindliche Angst kann erst sehr viel später zu Phobien führen - und keiner kann sich erklären, warum gerade er an diesen Ängsten leidet.

Wer jedoch Zugang zum Unterbewusstsein findet, erhält Antworten auf alle seine Fragen. Er kann herausfinden, warum ausgerechnet er immer die falschen Partner wählt, warum er seinen Ärger hinunterschluckt und zwangsläufig Magenbeschwerden bekommt.

Dr. M. Maltz war der Erste, der das Unterbewusstsein mit einer Datenverarbeitungsanlage verglich, in der alle Daten - also alle Vorgänge in unserem Leben - genau gespeichert werden.

Sogar körperliche Vorgänge werden über das Unterbewusstsein gesteuert. Hypnotische Experimente belegen, dass durch Suggestionen der Herzschlag beeinflusst oder die Tätigkeit bestimmter Organe verlangsamt bzw. beschleunigt werden kann. Nicht unbekannt ist das Verfahren in Asien, vor Operationen den Körper durch Hypnose, d.h. durch Befehle an das Unterbewusstsein, so vorzubereiten, dass wenig Blut fließt und Schmerzen verringert werden. Die Körpertemperatur kann auf diese Weise ebenfalls den Bedürfnissen angepasst werden.

Abgesehen vom Unterbewusstsein des Einzelnen, gibt es das so genannte kollektive Unterbewusstsein. Jeder von uns ist ein Teil davon und wir alle zusammen machen dieses kollektive Bewusstsein aus. Es ist unmittelbar mit Gott - mit der Allweisheit verbunden. Auch wir - jeder Einzelne von uns als Teil dieses kollektiven Unterbewusstsein - finden Gott in uns.

Um unser Unterbewusstsein zu beeinflussen, müssen wir - soweit das beim heutigen Stand des Wissens möglich ist - seine Arbeitsweise berücksichtigen.

Das Unterbewusstsein urteilt nicht. Es nimmt negative und positive Eindrücke in gleicher Weise auf und setzt beides mit der gleichen Energie in die Tat um. Das Unterbewusstsein versteht am besten einfache Sätze und noch viel tiefer prägen sich Bilder ein. Es ist sehr auf das Wort fixiert. Wenn Sie in Hypnose jemanden fragen: »Möchten Sie mir sagen, in welcher Straße Sie wohnen?«, dann erhalten Sie vom Unterbewusstsein die Antwort »JA« oder »NEIN«. Wollen Sie aber den Straßennamen wissen, dann muss die Frage konkret gestellt werden: » Sagen Sie mir bitte den Namen der Straße, in der Sie wohnen!« Dann wird auch eine richtige Antwort auf eine korrekte Frage erfolgen.

Das Unterbewusstsein arbeitet demnach sehr konsequent - sozusagen Wort für Wort, »wortwörtlich«.

Diese Erkenntnisse sind wichtig für die Selbsthypnose und die damit verbundenen Suggestionen, die Sie einsetzen, um Ihre Wünsche zu realisieren.

Unser Gedächtnis, im Bewusstsein angesiedelt, vergisst leicht und ganz besonders gern die Dinge, die uns unangenehm sind, die wir am liebsten verdrängen. Doch aus dem Unterbewusstsein lässt sich nichts verdrängen, weder Gefühle, noch Erfahrungen, noch Tatsachen - sogar Gerüche und Geräusche werden gespeichert.

Diese Informationen im Unterbewusstsein beeinflussen unser Handeln in großem Maße - es ist uns nur nicht bewusst. Gerade unsere Gefühle erscheinen uns oft unerklärlich. Es gibt für jedes Gefühl eine Geschichte, eine Erklärung, die im Unterbewusstsein aufgezeichnet ist. Wir können daran sehen, welche wichtige Rolle das Unterbewusstsein in unserem Leben spielt.

Das Unterbewusstsein schützt uns. Es ist ständig »wach« - ob wir schlafen oder in Narkose liegen; unser großer Verbündeter ist immer da.

Wenn Sie z.B. beim Autofahren in eine kritische Situation geraten und blitzschnell auf die Bremse treten, dann haben Sie bewusst noch gar nicht erfasst, was eigentlich passiert ist und was Sie so plötzlich bremsen ließ. Ihr Unterbewusstsein - ständig für Sie tätig - hat Sie reagieren lassen.

Haben Sie sich schon Gedanken über Ihr Unterbewusstsein gemacht? Was ist Ihr Unterbewusstsein für Sie? Eine unbekannte Größe, etwas Unheimliches oder Ihr Freund?

Der Mensch ist eine Einheit aus Körper, Geist und Seele. Bei allem, was Sie anstreben, sollten Sie diese Einheit nicht unberücksichtigt lassen. Bei der Lösung von Problemen, bei der Behandlung von Krankheiten wie auch bei der Planung Ihrer Zukunft.

»Gott legt in ein Herz eine Fackel,
die voll Weisheit und Schönheit glüht.
Es ist eine Sünde, diese Fackel auszulöschen
und sie in Asche zu ersticken.« *(Khalil Gibran)*

7. Was sind Suggestionen und wie wirken sie?

Das Wort »Suggestion« oder » suggerieren« bedeutet »jemandem etwas einreden, einflüstern, ihn von seinen Ideen überzeugen«. Es handelt sich um eine Beeinflussung des Denkens, des Wollens, des Fühlens und des Handelns eines Menschen sowohl auf körperlicher wie auch auf geistig-seelischer Ebene. Bei der Hypnose erhalten Sie durch den Hypnotiseur Fremdsuggestionen - bei der Selbsthypnose arbeiten Sie mit Ihrer eigenen Suggestion, also durch Autosuggestion. Sie geben Ihrem Unterbewusstsein Ihre Vorstellungen ein. Wenn Sie z.B. sagen »Ich bekomme garantiert in der Stadt keinen Parkplatz«, so handelt es sich hier um eine negative Autosuggestion. Durch eine Suggestion rufen Sie eine bestimmte Vorstellung hervor, beeinflussen dadurch Ihre Gefühle und Ihre Entschlüsse und folglich auch Ihr Handeln. Wie eingangs schon erwähnt, unterliegen wir alle mehr oder minder starken unbemerkten Suggestionen im täglichen Leben.

Wenn Sie den Werbefunk oder das Werbefernsehen hören, dann werden Ihnen auch alle möglichen Produkte »einsuggeriert«. Selbst wenn Sie nicht bewusst zuhören, so wird die Wirkung dieser Werbesprüche nicht ganz ausbleiben, denn sie erreichen auf jeden Fall Ihr Unterbewusstsein.

Unterschwellig manifestiert sich in Ihnen, dass es doch recht praktisch ist, mit dem neuen Fenstertuch zu putzen... Und wenn Sie bei der nächsten Gelegenheit ein neues Fenstertuch brauchen, greifen Sie vielleicht doch - unbewusst - zu dem Produkt, das Ihnen durch die Werbesuggestion schon bekannt ist.

Diese Fremdsuggestionen, vor allem, wenn sie nicht mit bildhaften Vorstellungen belegt werden, haben keine so durchschlagende

Wirkung wie bei unserem etwas übertriebenen Beispiel - aber auf längere Zeit gesehen, schleicht sich doch ein kleiner Effekt ein.

Auch wir selbst beeinflussen uns durch unbewusste Autosuggestionen. Überprüfen Sie einmal Ihre Gedanken - wie sprechen Sie denn mit sich selbst? Wie oft sagen Sie zu sich: »Ich Trottel« oder Ähnliches. Wie steht es um Ihre Einstellung zu Ihrem Leben, zu Ihrem Erfolg, zu Ihren Beziehungen? - Was glauben Sie von sich? Meinen Sie, Sie könnten nicht abnehmen, nicht konzentriert lernen, nicht glücklich sein?

> »Wer ein Herz hat für Schönes,
> der findet bald überall Schönes.« *(Gustav Freytag)*

Diese unbewussten negativen Eigensuggestionen haben ihre Auswirkungen. Betrachten Sie Ihr Leben einmal nach diesen Gesichtspunkten und beantworten Sie die Fragen:

BEISPIELE FÜR UNBEWUSSTE AUTOSUGGESTIONEN:

Welche Einstellung habe ich ...

zum Erfolg bzw. Misserfolg:

- Ich kann die Aufgaben nicht bewältigen.
- Ich habe das nicht gelernt.
- Ich kann keinen Stress vertragen.
- Ich habe keine Freude an dieser Arbeit.

zur Liebe:

- Keiner liebt mich.
- Ich finde nie den idealen Partner.
- Ich bin zu dick/dünn/groß/klein, deshalb findet mich niemand attraktiv.
- Ich bin nichts Besonderes.

zur Gesundheit:

- Ich habe Angst vor Krebs.
- Wenn ich spät zu Bett gehe, bekomme ich Kopfschmerzen.
- Ich bin so anfällig für jede Infektion.

zu finanzielle Problemen:

- Ich gebe immer mehr aus, als ich einnehme.
- Ich kann nicht mit Geld umgehen.
- Ich kann nicht rechnen.

Diese Liste können Sie beliebig fortsetzen. Finden Sie heraus, WARUM Sie sich gerade in der Situation befinden, in der Sie heute sind. Welche unbewussten Suggestionen liegen hier zugrunde?

Das Unterbewusstsein hat einen »kindlichen Verstand«, versteht am besten simple Sätze, einfache bildhafte Vorstellungen prägen sich am nachhaltigsten ein.
Wir können dieses Wissen nutzen, um zu realisieren, was wir anstreben. Eine Suggestion vollzieht sich nicht im Bewusstsein, sondern nur im Unbewussten. Hypnose und Selbsthypnose liegen Suggestionen bzw. Autosuggestionen zugrunde.

Damit Sie hier ganz klar »sehen«, Ihnen Unbewusstes bewusst wird, notieren Sie einmal drei Tage lang die sich wiederholenden Gedanken über sich selbst.

Schreiben Sie auf, wenn Sie zu sich sagen: »Das habe ich aber toll geschafft.« Notieren Sie ebenso Bemerkungen wie »Das kann ich nicht.«

Der Gedanke ist der Vater aller Dinge. Aus ihm kann sich ein Bild entwickeln, dem eine Ausführung folgen kann. Alles, was wir durch Suggestionen bewirken, ist lediglich die Wirkung unserer eigenen Gedanken. Aus diesem Grund ist Gedanken-Hygiene wichtig und notwendig, denn natürlich haben die negativen Gedanken auch negative Folgen.

Achten Sie auf Ihre Gedanken - nicht nur, wenn Sie an sich arbeiten, sondern täglich. Machen Sie es sich zur Gewohnheit, einen negativen Gedanken sofort zu erkennen und ihn in einen positiven umzuwandeln. Wenn Ihre Gedanken unkontrolliert herumschwirren, brauchen Sie sich nicht zu wundern, wenn Ihr Leben ebenso unkontrolliert verläuft. In die Gedanken können wir unsere Wünsche und unsere Ziele integrieren, können dies in formelhafte Sätze bringen, die wir uns täglich bewusst vorsagen.

Besonders wirksam werden diese Formeln im Zustand der Entspannung zusammen mit der bildhaften Vorstellung.

Die Wünsche sollten sich im Rahmen des Möglichen bewegen. Es hat weder Sinn noch bringt es Erfolg, sich vorzustellen, dass morgen früh die Wohnung blitzblank geputzt ist (sofern man nicht gewillt ist, eine Nachtschicht einzulegen) oder dass Sie plötzlich dunkles, volles Haar haben, wenn Sie schütteres, graues Haar Ihr Eigen nennen.

Wenn Sie sich jedoch vorstellen, dass Sie ruhig und gelassen in eine Prüfung gehen und ein gutes Ergebnis erzielen werden (wobei Sie sich natürlich die notwendigen Kenntnisse schon aneignen müssen), dann haben Sie durchaus reelle Chancen, durch die Kraft Ihrer Gedanken diesen Wunsch zu verwirklichen.

Je häufiger Sie Ihre Suggestionsformel anwenden, desto tiefer prägt sie sich im Unterbewusstsein ein und macht den Erfolg immer sicherer. Sie sollten sich auf höchstens drei verschiedene Themen beschränken, denn sonst verstreuen Sie Ihre Energie zu sehr und der Erfolg rückt in weite Ferne.

Suggestionen

- sind formelhafte Sätze mit bildhafter Vorstellung
- werden verstärkt durch Emotionen
- sind intensiver Glaube an ein bestimmtes Ziel

Suggestionen wirken

- durch ständige Wiederholung
- besonders im entspannten Zustand

Suggestionen sollten

- kurz, klar und deutlich sein
- sich an der Realität orientieren
- nicht überfordern
- ausschließlich positive Worte enthalten
- in der Ich-Form und der Gegenwart gehalten sein

Wer diese Grundlagen der Suggestionstechnik kennt und beherzigt, der besitzt alle Mittel, sein Leben bewusst zu seinem Vorteil zu verändern.

Sie haben sich zu diesem Schritt entschlossen und dazu möchten wir Ihnen gratulieren.

> »Eine Fähigkeit,
> die nicht täglich zunimmt,
> geht täglich ein Stück zurück.« *(Chinesische Weisheit)*

III. PRAXIS

A. Technik

1. Wie wird ein hypnotischer Zustand erreicht?

- Innere und äußere Voraussetzungen

Wenn Sie bereits Erfahrung mit den Entspannungstechniken haben, dann ist der Einstieg in die Selbsthypnose für Sie sehr einfach. Aber auch Neulinge auf diesem Gebiet können rasch die Selbsthypnose erlernen. Auf jeden Fall bringen Sie ständige Übung und Gelassenheit schneller an Ihr Ziel als die gelegentliche Anwendung von Suggestionen und ein selbst auferlegter Erfolgszwang.

Schaffen Sie zuerst einmal die äußeren Voraussetzungen, damit Sie ganz loslassen und sich entspannen können. Ziehen Sie sich zurück, sorgen Sie dafür, dass Sie nicht gestört werden, und schaffen Sie eine angenehme Atmosphäre, in der Sie sich geborgen und wohl fühlen. Sie können, wenn Sie wollen, leise, meditative Musik einschalten. Öffnen Sie alles, was Sie einengt (Gürtel, Krawatte, BH), und machen Sie es sich bequem. Legen oder setzen Sie sich hin - die Hauptsache ist, Sie fühlen sich wohl in dieser Lage und können alle Muskeln entspannen.

Die innere Haltung ist ausschlaggebend für Ihre Arbeit an sich selbst. Nehmen Sie sich Zeit für sich, lassen Sie geschehen und lassen Sie los von allem, was Sie bedrückt und belastet - vor allem lassen Sie los vom WOLLEN. Übergeben Sie die Führung Ihrem höheren Selbst. Es wird Ihnen neue Erkenntnisse über Sie erlauben und Sie können diese Erfahrung zu Ihrem Wohl nutzen. Sie können Ihr inneres Bewusstsein, Ihr Unterbewusstsein, für sich arbeiten lassen. Blocken Sie keinen Gedanken ab, lernen Sie zu vertrauen - auf sich selbst.

Gerade den so genannten »Kopfmenschen« wird es nicht leicht fallen, sich auf Dinge zu verlassen, die weder mathematisch noch wissenschaftlich erklärbar sind. Sie kommen sich deshalb vor, als würden sie sich auf einem schwankenden Boot - sozusagen außerhalb jeder Kontrolle - befinden. Es hat in solchen Fällen wenig Sinn, gewaltsam zu versuchen, in einen Trancezustand zu kommen.

Eine bessere Vorbereitung wäre hier die intensive Beschäftigung mit entsprechenden Themen und vielleicht auch die Teilnahme an einem Seminar, damit diese Blockade sanft, aber nachhaltig abgebaut wird.

Mit dem Kopf durch die Wand - das funktioniert in praktischen Fällen selten und bei der Beschäftigung mit den sensibelsten Ebenen unseres Seins schon überhaupt nicht. Wenn die Zeit reif ist, dann wird sich immer eine Möglichkeit ergeben, einen Weg zu sich zu finden. Auch für denjenigen, der heute noch zu sehr den Äußerlichkeiten verhaftet ist, wird der Zeitpunkt kommen, an dem er sich von innen her den geistigen Ebenen öffnen kann.

- Einleitung in den hypnotischen Zustand

Es hat sich als unterstützend erwiesen, zu Anfang mit einem Hilfsmittel zu arbeiten. Suchen Sie sich irgendeinen Gegenstand aus - ein Bild an der Wand, einen Fleck am Boden oder eine Blume in der Vase. Oder versuchen Sie es mit einer brennenden Kerze oder dem Feuer im Kamin. Das flackernde Licht hat eine beruhigende und gleichzeitig hypnotisierende Wirkung. Auch ein Kristallpendel ist hervorragend geeignet, Sie in einen Zustand der Trance zu versetzen. Sie sehen, Sie haben die Wahl. Probieren Sie aus, was Ihnen am besten gefällt.

Sie haben also jetzt für die äußeren und inneren Voraussetzungen gesorgt, haben alle Hektik, den Stress und die Alltagssorgen draußen gelassen und befinden sich nun in einem ruhigen Raum, in einer bequemen Haltung und richten Ihre Sinne nach innen.

Sie lassen los von allem, lassen los von Ihren Gedanken und konzentrieren sich auf sich selbst. Sie spüren, wie Sie ruhig werden, wie Ihr Körper leicht und leichter wird, wie Sie sich mehr und mehr entspannen. Sie richten Ihren Blick auf den ausgewählten Gegenstand, den Sie bequem von Ihrem Platz aus betrachten können. Sie fixieren Ihren Blick auf diesen Gegenstand, lassen das Flackern des Kerzenlichts wirken und gleichzeitig atmen Sie ruhig. Sie atmen tief ein und aus - ein und aus.

Sie denken (oder sagen es laut, wenn Ihnen das Sprechen lieber ist):

»Während ich die Kerze betrachte, werden meine Augenlider schwer und schwerer - sie werden immer schwerer. Bald sind sie so schwer, dass ich meine Augen schließe. Bald bin ich in einem Zustand der Trance.«

Wiederholen Sie diese Worte mehrere Male – so lange, bis Sie spüren, dass Ihre Augenlider schwerer werden und Sie sie schließen möchten. Geben Sie diesem Wunsch nach - lassen Sie die Augen zufallen.

Nun kommt Ihr persönliches Schlüsselwort, das Ihr Unterbewusstsein benötigt, um Sie in Hypnose zu versetzen. Gut geeignet ist hierfür der Satz:

»Entspanne dich jetzt.«

Wichtig ist das Wort JETZT, damit Ihr Unterbewusstsein den Befehl sofort ausführt. Wiederholen Sie diesen Satz dreimal.

Nun beginnen Sie mit der muskulären Entspannung:
Fangen Sie mit dem rechten Bein an - von der Zehe aufwärts bis zur Hüfte lassen Sie die Muskeln los. Dasselbe machen Sie mit dem linken Bein. Spannen Sie alle Muskeln an, so fest Sie können, um sie dann loszulassen. Sie werden ein angenehmes Gefühl verspüren. Gehen Sie weiter körperaufwärts - entspannen Sie Magen- und Bauchmuskulatur, dann die Brustmuskeln. Sie spüren vermutlich, dass Ihre Atmung langsamer und tiefer wird. Es kann jedoch auch - besonders bei Anfängern - passieren, dass der gegenteilige Effekt eintritt und die Atmung sich beschleunigt. Das sollte Sie nicht beunruhigen - lassen Sie es geschehen - und der Atem ebenso wie Puls- und Herzschlag werden sich automatisch regulieren.
So, nun ist der Rücken dran, dann die Schultern und der Nacken. Entspannen Sie die Arme bis hin zu den Fingerspitzen.

Wenn Sie in ein tieferes Stadium der Hypnose versinken, dann werden die Gesichtsmuskeln sich ganz von selbst entspannen. In dem Trancezustand wird die Gesichtsmuskulatur ein wenig geglättet und es tritt eine leichte Ausdrucksstarre ein.

Wir gehen nun einen Schritt weiter in die nächste Entspannungsebene. Denken Sie:

»Ich gleite tiefer und tiefer.«

Wiederholen Sie diesen Satz mehrmals. Stellen Sie sich dabei vor, Sie stehen an einer abwärts fahrenden Rolltreppe - Sie sehen, wie die Stufen nach unten gleiten. Betreten Sie die Rolltreppe, zählen Sie von 10 bis 0. Sie spüren, wie die Rolltreppe Sie immer weiter nach unten trägt. Sie kommen tiefer und tiefer. Gleichzeitig mit der Zahl »0« haben Sie das Ende der Rolltreppe erreicht und betreten wieder festen Boden.

Um das Entspannungsgefühl zu vertiefen, wiederholen Sie die Rolltreppenübung dreimal. Wenn Sie später längere Übungen machen, genügt das einmalige Fahren mit der Rolltreppe. Sie werden durch das Training immer schneller in einen Entspannungszustand, in dic Hypnose, fallen können.
Sollten Sie eine Abneigung gegen Rolltreppen haben, dann wählen Sie einen Aufzug oder gehen einfach zu Fuß die Treppen hinunter.

Wenn Sie ein noch tieferes Stadium der Hypnose erlangen wollen, können Sic diesen Zustand mit einer Suggestion einleiten.

Stellen Sie sich vor Ihrem geistigen Auge eine Situation vor, die Ihre Entspannung weiter fördert. Es kann dies das Meer mit seinem beruhigenden Rauschen sein, Sie können sich auf einer Wiese liegend sehen und dem Zwitschern der Vögel lauschen oder Sie sehen sich gemütlich zu Hause. Suchen Sie sich Ihr ganz persönliches Entspannungsbild.

Bleiben Sie in diesem Zustand, solange Sie wollen, und beenden Sie die Hypnose mit dem Gedanken:

»Nun werde ich aufwachen.«

Zählen Sie langsam von null bis drei.

Sie fühlen sich entspannt, erfrischt und außerordentlich wohl.

Wenn Sie sich in Hypnose befinden, verlieren Sie Ihr Zeitgefühl. Sie glauben, eine Stunde sci vergangen, doch waren Sie tatsächlich nur einige Minuten in Trance. Sie können die Zeit der Hypnose durch eine entsprechende Suggestion regulieren, indem Sie sich sagen, dass Sie nach einer bestimmten Zeitspanne aufwachen wollen. Sie können sich darauf verlassen, dass Sie Ihr Unterbewusstsein pünktlich »weckt«.

Wer sich zum ersten Mal in Hypnose versetzt, ist natürlich neugierig, ob es überhaupt klappt, und er tendiert dazu, sich beobachten zu wollen. Versuchen Sie, diese Gedanken und Erwartungen loszulassen. Gehen Sie ganz einfach mit einer positiven Einstellung an die Übung, glauben Sie daran, dass Sie einen Trancezustand erreichen, aber nehmen Sie das Resultat Ihrer Bemühungen nicht wichtig. Sie blockieren sich sonst, stehen sich mit Ihrem Willen selbst im Weg und ein Misserfolg ist vorprogrammiert, bevor Sie überhaupt begonnen haben.

- Die Tiefe der Hypnose

Die beiden ersten Stadien - also leichte und mittlere Hypnose - reichen für uns vollkommen aus. Wenn Sie wissen wollen, welche Tiefe Sie erreicht haben, können Sie das nach der Hypnose durch die Pendelmethode herausfinden.

Geben Sie den einzelnen Hypnosestufen eine Maßangabe, z.B.
- für die erste Stufe 1 - 100,
- für die zweite Stufe 100 - 200
- und für die dritte 200 - 300.

Die Antwort pendeln Sie aus:

Fragen Sie Ihr Pendel:

»*Was war heute das tiefste Stadium? War es 100 oder mehr?*«

Ist die Antwort NEIN, dann fragen Sie:

»*War es 75 oder mehr?*«

Fahren Sie auf diese Weise fort, bis Sie die Zahl erreicht haben, die das Pendel bejaht.

2. Methoden und Techniken der Selbsthypnose

Wir arbeiten im Wesentlichen mit folgenden vier Selbsthypnosetechniken, wobei die Einleitung und das Aufwachen bei allen Methoden gleich bleibt:

- Autosuggestion

Es ist dies die Wiederholung bestimmter Formeln, die für die jeweilige Situation erarbeitet werden. Die Zentralformel von Coué lässt sich in jeder Lage und für jeden anwenden:

»*Es geht mir jeden Tag in jeder Hinsicht*
immer besser und besser.«

Durch intensive Suggestionsarbeit, Entspannung und Meditation führt Sie diese natürlichste Technik zu Ihrem Unterbewusstsein.

Sie entspannen sich, so tief Sie können - und es wird mit der Zeit immer schneller gehen und der Trancezustand wird immer tiefer werden. Wenn Sie einen hypnotischen Zustand erreicht haben, dann können Sie gezielte Suggestionen zur Lösung Ihrer Probleme eingeben. So setzen Sie Ihr Unterbewusstsein ein, um Ihr Leben zu verändern. Ihre geistige Kraft hilft Ihnen bei der Erreichung Ihrer inneren und äußeren Ziele.

Oder Sie stellen sich bestimmte Fragen und lassen Ihr Unterbewusstsein antworten. Sie lösen auf diese Weise Blockaden, können herausfinden, warum Sie in bestimmten Situationen genau so und nicht anders reagieren. Sie lernen sich besser kennen, erweitern Ihr Bewusstsein, vertiefen Ihr Selbst-Vertrauen und stärken Ihr Selbst-Bewusstsein.

- Visualisierung

Sie stellen sich Ihr Wunschbild oder Ihr Ziel bildhaft vor, wobei Sie sich in der angestrebten Situation sehen. Wichtig ist, dass Sie sich mit diesem Bild identifizieren und dass alles, was Sie sich vorstellen, für Sie real ist - Sie also nicht eine Zukunftsvision haben, sondern Ihr »Bild« für Sie bereits Gegenwart ist.

Oft hören wir von Erwachsenen, dass sie sich ihre Träume nicht bildhaft vorstellen können. Sie können zwar verbal alle Wünsche ausmalen bis in die Details, doch wenn es um das Bild dieser Gedanken geht, versagt die Phantasie.
Jeder kann bildhaft denken. Als Kind war diese Fähigkeit noch sehr ausgeprägt. Denken Sie nur an Ihre Indianer- oder Räuber-Spiele. Wie fühlten Sie sich damals? Wie Winnetou persönlich - stark, stolz und mit prächtigem schwarzen Haar. Die Fähigkeit, in solchen Bildern zu denken, ist uns im Lauf der Zeit nur abhanden gekommen - wir haben sie mit unserer extremen Realitätsbezogenheit verschüttet, haben vergessen, unsere Tagträume zu pflegen.

Machen Sie ganz einfache Übungen, um Ihre bildhafte Vorstellungskraft wieder zu beleben.
Nehmen Sie ein Foto Ihres Urlaubs, konzentrieren Sie sich darauf und erinnern Sie sich an die Stimmung, an den Tag, an alles, was so schön war. Nun schließen Sie die Augen und versuchen Sie, sich dieses Bild vorzustellen. Oder schauen Sie aus dem Fenster, be-

trachten Sie den Ausblick in allen Einzelheiten genau. Schließen Sie die Augen und lassen Sie das Bild vor Ihrem geistigen Auge wieder entstehen. Sie werden sehen, dass es immer besser geht und es Ihnen immer leichter fällt, »Bilder« zu sehen.

Der nächste Schritt ist die Vorstellung Ihrer Wünsche: Sehen Sie sich, wie Sie eine Prüfung bestehen, wie Sie die Urkunde erhalten, wie der Prüfer Sie lobt und Sie über das ganze Gesicht strahlen. Oder sehen Sie sich, wie Sie schlank und elegant gekleidet einen Schaufensterbummel machen.

- Selbsthypnose durch Fremdhypnose

Da nicht jeder die Geduld aufbringt und längere Übungszeiten in Kauf nehmen möchte, um in einen Trancezustand zu kommen, hilft zum »Einstieg« eine Fremdhypnose durch einen Therapeuten. Der Hypnosetherapeut nimmt einen Rapportwechsel vor. Das bedeutet, dass er während der Hypnose dem Hypnotisierten das Kommando über sich überträgt, ihm nur eine einzige Suggestion eingibt - nämlich den Befehl, bei einem bestimmten Wort sofort in Hypnose zu fallen und alle Suggestionen so auszuführen, als würden sie von dem Hypnotiseur gegeben.

Diese Methode kürzt zwar die Lernphase ab und Sie können sich so schneller selbst hypnotisieren. Doch sind wir der Meinung, dass nichts die Arbeit an sich selbst ersetzen kann, auch wenn Ihnen dieser Weg zwar bequemer und verführerisch, vielleicht sogar erstrebenswert erscheint. Sie wollen jedoch an sich arbeiten und dazu benötigen Sie Geduld und Zeit - und beides sollten Sie aufbringen; Sie tun es ja für sich! Nicht die Schnelligkeit ist entscheidend, sondern das Resultat. Und alles, was Sie allein geschafft haben, macht Sie umso stolzer auf sich selbst.

> »Auch aus Steinen,
> die in den Weg gelegt werden,
> kann man Schönes bauen.« *(J. W. Goethe)*

- Selbsthypnose durch Kassetten oder CDs

a) selbst besprochene Kassetten

Sie können Kassetten mit von Ihnen erarbeiteten Suggestionen besprechen, die Sie dann, solange Sie es wünschen, im Hypnosezustand abhören. Diese Methode hat den Vorteil, dass Sie sich nicht mehr selbst Befehle geben müssen, sondern sich einfach nur auf Ihre eigene Stimme konzentrieren. Sie brauchen sich nicht auf Techniken zu besinnen, sondern können ganz loslassen und Ihre Worte konzentriert durch Bilder verstärken.

b) Subliminal-CDs

Es gibt seit einiger Zeit auch Subliminal-CDs. Bei dieser Methode ist durch eine neue, verfeinerte Technik das gesprochene Wort für unser Ohr nicht mehr bewusst hörbar. Sie hören nur wunderbare, entspannende Musik, während Ihr Unterbewusstsein aufnahmebereit ist für die Suggestionen. Hier brauchen Sie sich nicht in einen Entspannungszustand zu begeben. Die meditative Musik schafft eine gewisse Grundentspannung und Ihr Unterbewusstsein ist ja immer bereit, Informationen, die Sie ihm geben, aufzunehmen. Während der Hausarbeit oder beim Lesen können Sie übrigens diese CDs wunderbar laufen lassen und auf diese Weise auch solche Zeiten besonders nutzen.

Der beste Erfolg wird erzielt mit einer Kombination aus Suggestion und Visualisierung. Das ist die Sprache Ihres Unterbewusstsein. Auch Ihr Gegenüber versteht Sie am besten, wenn Sie sich seinem Sprachniveau entsprechend ausdrücken. So gibt es die wenigsten Missverständnisse. Das gilt genauso für das Unterbewusstsein.

Probieren Sie die verschiedenen Techniken aus und entscheiden Sie danach, was für Sie in Frage kommt.

- Befragung des Unterbewusstsein

Wenn Sie Ihrem Unterbewusstsein Fragen stellen, so gibt es die verschiedensten Methoden, um die Antwort aufzunehmen:

- Ihre innere Stimme spricht mit Ihnen.
- Über das Pendel erfahren Sie, was Ihnen Ihr Unterbewusstsein mitteilen möchte.

Nehmen Sie als Pendel einen leichten Gegenstand, z.B. einen Ring, den Sie an einen ca. 15 cm langen Faden hängen. Nun halten Sie den Faden zwischen Daumen und Zeigefinger, der Ellbogen wird aufgestützt. Es gibt vier Antworten: »JA«, »NEIN«, »Ich weiß nicht« und »Ich will nicht antworten«.

Befragen Sie Ihr Unterbewusstsein, welche Antwort welche Bewegung des Pendels anzeigt. Bewegen Sie dazu das Pendel in eine Richtung und fragen Sie Ihr Unterbewusstsein, ob diese Bewegung NEIN bedeutet.

Bewegen Sie das Pendel nicht absichtlich, sondern lassen Sie Ihr Unterbewusstsein durch die Pendelbewegung antworten, denn nur so können Sie auch eine unverfälschte Antwort erhalten.

Im Allgemeinen gibt es bei der Pendelmethode keine Schwierigkeiten. Sollten Sie zu den wenigen Menschen gehören, bei denen das Pendel schweigt, dann hat das einen ganz bestimmten Grund. Vermutlich will das Unterbewusstsein Ihnen nicht die gewünschte Information geben.

• Fingerbewegungen geben Ihnen ebenfalls Antworten auf Ihre Fragen an das Unterbewusstsein. Während der Hypnose antworten die Finger sofort durch Bewegung; ansonsten brauchen Sie ein wenig Übung. Legen Sie Ihre Hände ruhig hin, auf den Tisch oder die Stuhllehne. Fordern Sie Ihr Unterbewusstsein auf, Ihnen einen Finger zu zeigen, der eine positive Antwort angibt, sich also bei JA bewegen soll. Bitten Sie Ihr Unterbewusstsein, die restlichen drei Antworten auf weitere drei Finger zu verteilen. Auch hier gilt: Keine bewusste Fingerbewegung! Vertrauen Sie Ihrem Unterbewusstsein.

• Als letzte Methode möchten wir Ihnen das automatische Schreiben vorstellen: Am besten arbeiten Sie mit einer Papierrolle, sodass Sie immer genügend Papier zur Verfügung haben, wenn Sie lange Antworten erhalten. Nehmen Sie einen weichen Bleistift, den Sie zwischen Daumen und Zeigefinger halten, und zwar so, dass die Spitze senkrecht auf dem Papier aufsetzt. Beginnen Sie links oben. Bitten Sie Ihr Unterbewusstsein, Ihre Hand zu steuern. Fragen Sie z.B. nach einem Namen. Jetzt ziehen Sie einige Kreise und gehen dann mit Ihrer Hand an Ihren Ausgangspunkt zurück.

Nun bewegen Sie Ihre Hand nicht mehr, sondern überlassen es Ihrem Unterbewusstsein, Ihre Hand zu leiten. Es dauert oft eine ganze Weile. Doch wenn Sie eine natürliche Begabung für diese Methode besitzen, werden Sie erstaunt sein, wie einfach es funktioniert. Konzentrieren Sie sich auf Ihre Hand, beobachten Sie Ihre Hand, aber bewegen Sie sie nicht bewusst! Lassen Sie geschehen, greifen Sie nicht ein, wenn Sie ein seltsames Gefühl in Ihrer Hand spüren. Sie werden Ihre Schrift wahrscheinlich nicht erkennen, doch Sie werden die Worte, die oftmals ineinander übergehen, lesen können. Geben Sie sich mindestens 20 Minuten für diese Methode.

Am besten finden Sie durch eigenes Erleben heraus, welche Methode für Sie geeignet ist. Haben Sie Geduld mit sich, lassen Sie Ihr Unterbewusstsein sprechen.

3. Die Gesetze der Hypnose

Bevor wir uns den praktischen Beispielen zuwenden, möchten wir Ihnen die drei Gesetze der Hypnose mit auf den Weg geben. Sie sind ein wichtiges Fundament für Ihren Erfolg und erst wenn Sie sich diese drei Punkte zu Eigen machen, verinnerlichen und immer berücksichtigen, werden Sie das Beste aus sich und Ihrem Leben machen können.

Erstes Gesetz:

Jede bildhafte Vorstellung hat das Bestreben und die Kraft, sich zu verwirklichen.

Unsere Gedanken sind der Schlüssel zu unserem Sein. Alles, was Sie tun - ob Sie gerade diese Zeilen lesen oder sich kratzen - zuerst war der Gedanke. Nichts geschieht, ohne dass es vorher gedacht wurde. Der Gedanke ist der kreative Teil aller Handlungen - der Rest ist nur noch eine mechanische Ausführung des Gedankens.

Jeder Gedanke will sich verwirklichen und er kann es am besten, wenn wir ihn in eine bildhafte Vorstellung umsetzen. Bekommt diese bildhafte Vorstellung noch Emotionen zur Unterstützung - den Wunsch nach der Realisierung - so gibt es nur noch wenige Hindernisse für die Verwirklichung des Gedankens. Die bildhafte Vorstellung des Schlafens leitet den Schlaf ein - die Vorstellung einer schlaflosen Nacht beschert Ihnen eine schlaflose Nacht.

Aus diesem Beispiel ergibt sich das zweite Gesetz:

Zweites Gesetz:

Wenn sich Wille und Glaube feindlich gegenüberstehen, unterliegt immer und ohne Ausnahme der Wille.

Bleiben wir beim Beispiel der schlaflosen Nacht. Wer sich ins Bett legt, will schlafen. Wer dann aber glaubt, dass er nicht schlafen kann, wird zwangsläufig nicht schlafen, auch wenn er es will. Und die meisten Menschen kennen solche schlaflosen Nächte - der Wille wird mit der Anzahl der schlaflosen Stunden immer stärker. Wer denkt nicht daran, dass der Morgen naht und der neue Tag eine Menge Anforderungen an uns stellt - und da müssen wir fit und ausgeschlafen sein! Doch der Wille bleibt Verlierer, wenn er nicht den Glauben an seiner Seite hat.

Wenn wir uns dieses Gesetz in allen Lebenslagen vor Augen halten und die Konsequenzen daraus ziehen, werden wir alle Situationen meistern können. Immer mehr Menschen leiden heute an psychosomatischen Erkrankungen, bei denen oft keinerlei organische Auffälligkeiten zu finden sind. Trotzdem fühlen sie sich schlecht, haben Schmerzen und je mehr sie sich mit ihrer Krankheit befassen, desto kränker werden sie. Dieser Zustand beunruhigt sehr, denn man fühlt sich krank und kann doch keine Ursache finden. Die Angst schleicht sich ein, etwas Gefährliches auszubrüten. Durch solche Gedanken wurde tatsächlich schon für viele Krankheiten der Boden bereitet. Wer jedoch erkennt, dass er nicht nur gesund sein will, sondern wer auch daran glaubt, dass er gesund ist, der wird sich besser fühlen und er wird die Gesundheit anziehen. Auch hier unterstützen die bildhaften Vorstellungen einen Heilungsprozess.

Drittes Gesetz:

Die willensmäßige Anstrengung bewirkt genau das Gegenteil.

Ein starker Wille ohne bildhafte Vorstellung führt nicht nur zum Misserfolg, sondern er bewirkt sogar exakt das Gegenteil von dem, was wir uns wünschen.

Fazit:

- Achten Sie auf Ihre Gedanken, denn sie bestimmen Ihr Leben.
- Jede bildhafte Vorstellung will sich verwirklichen.
- Glauben Sie an Ihre Ziele - Unterlassen Sie den Einsatz Ihres Willens.

Und jetzt wünschen wir Ihnen viel Erfolg bei den praktischen Übungen.

B. Problemlösung durch Selbsthypnose

Was sind Probleme und was wollen sie uns sagen?

Wer »bis zum Hals« in Problemen steckt, wird vermutlich nur erstaunt den Kopf schütteln über eine solche Frage. Und fragen Sie einmal Ihre Bekannten und Freunde, was sie als Probleme betrachten. Sie werden überschüttet mit den kleinen und den großen Sorgen, Sie hören von den Schwierigkeiten im Beruf, von gesundheitlichen Störungen oder von unglücklich Liebenden.

Der Ausspruch »Jeder hat Probleme« ist gängig und bei den meisten Menschen schon so sehr im Unterbewusstsein verwurzelt, dass sich kaum jemand mehr wirklich Gedanken über das Wesen und über den Sinn eines Problems macht.

Wer sich mit den geistigen Gesetzen befasst, der weiß allerdings, dass alles, was einem Menschen geschieht, einen tieferen Sinn hat und von dem Betreffenden selbst in irgendeiner Weise ausgelöst wurde. Oberflächlich gesehen, sind solche Zusammenhänge oft nicht erkennbar und verwundert fragt man sich bei der Betrachtung mancher Schicksale, warum dem einen so viel Gutes und dem anderen so viel Unheil widerfährt. Die Einstellung des Einzelnen zu sich, zu seinem Leben und damit folglich auch zu seiner Problematik ist der wesentliche Faktor.

Jeder Mensch hat die Freiheit zu entscheiden, was er für wichtig erachtet bzw. welchen Dingen er keinen Wert beimisst. Aus dieser Tatsache ergibt sich bereits eine Teilantwort auf unsere Frage. Manche Autofahrer tendieren dazu, in einem Kratzer an ihrem Wagen ein Problem zu sehen. Sie haben keine Freude mehr an dem Auto, werden aggressiv gegenüber jedem, der ihrem Wagen zu nahe kommt. Andere bemerken solche Kratzer nicht einmal. Einzig und allein die Einstellung entscheidet hier: Für den einen ist der makellose Wagen wichtiger als die Freude am Fahren, für den anderen ist der Wagen nur fahrbarer Untersatz und da spielt ein Kratzer keine Rolle.

Derartige Beispiele lassen sich auch auf alle anderen Lebensbereiche anwenden.

Wer sich in einer für ihn aussichtslos erscheinenden Situation befindet, wird hier protestieren und versuchen klarzustellen, dass sein »Fall« nicht mit einem Kratzer am Auto zu vergleichen ist. Natürlich stellt jedes Problem eine Belastung für den Betroffenen dar und die Leidens-Skala beginnt bei einem Gefühl des leichten Unbehagens und geht bis zu tiefer Verzweiflung. Gemeinsam aber ist all diesen Situationen trotzdem die Einstellung zu sich selbst, zum Leben und zu der augenblicklichen Krise.

> »Der Optimist sieht eine Rose,
> nicht aber ihre Dornen.
> Der Pessimist starrt auf die Dornen
> und vergisst die Rose.« *(Khalil Gibran)*

Probleme sind Schwierigkeiten, Situationen, die wir nicht meistern können, weil wir oftmals abhängig von anderen Menschen oder Umständen sind (oder manchmal auch nur glauben, es zu sein), weil wir uns überfordert fühlen oder davon überzeugt sind, nicht die notwendigen Voraussetzungen für eine Veränderung unserer Lage zu haben. Wer sich jedoch Zeit für eine Lösung seiner Probleme nimmt, sie von allen Seiten - und nicht nur von einer einzigen - betrachtet, wer tiefer geht und auch einmal andere, neue Gedanken als die schon hundert Mal gedachten zulässt, kann zu überraschenden Ergebnissen kommen.

Er wird als Erstes erkennen, dass ein Problem immer nur so wichtig sein kann, wie er es nimmt. Allein durch diese Erkenntnis fühlen Sie sich nicht mehr so ausgeliefert - sind Sie doch nicht mehr nur »Opfer«, sondern zugleich auch »Täter«, können agieren, können selbst handeln und brauchen nicht immer nur zu re-agieren. Zu wissen, dass Sie in jeder Lage selbst etwas für sich tun können, macht Sie frei und dadurch auch offener für eine positive Lösung und für neue Wege.

Aber nicht nur die eigene Einstellung zu Ihrem Problem ist wichtig, auch die Frage nach dem Sinn des Problems bringt Sie der Lösung einen Schritt näher. Meist ist man jedoch so verfangen in der Problematik, dass solche Gedanken gar nicht erst auftauchen können.

Überdenken Sie einmal die letzten vier Wochen:

- Mit welchen Problemen waren Sie konfrontiert?
- Haben diese Probleme Ihr Leben verändert?
- Haben Sie durch diese Probleme neue Einsichten gewonnen?
- Haben Sie die Probleme gelöst - nach Ihrem Wunsch oder haben Sie sich nach den Wünschen anderer gerichtet?

Denken Sie jetzt weiter zurück: Wie war das vor einem Jahr?

- Welche Probleme hatten Sie damals und wie haben Sie sie gelöst?
- Was haben diese Probleme an Ihrem Leben verändert?
- Stehen die heutigen Probleme in einem Zusammenhang mit früheren Problemen oder - sind Sie vielleicht immer wieder mit demselben Problem konfrontiert?

Wie auch immer Ihre Probleme geartet sein mögen - sie wollen Ihnen etwas sagen: über Ihr Leben, Ihre Gefühle, Ihre Lebensumtände.

Wer sich z.B. ständig mit finanziellen Sorgen herumschlägt, sieht häufig nur, dass ihm unrecht getan wird, dass er nicht das Geld bekommt, das er eigentlich verdient, dass alles zu teuer ist etc. Sein Finanzproblem kann ihm aber wertvolle Aufschlüsse geben über sein Verhältnis zu Geld überhaupt:

Welchen Stellenwert hat das Geld im Leben - bedeutet es Glück, Erfolg, Geliebtwerden? Oder ist es einfach ein Mittel, sich das Leben bequem zu machen? Wie ist die Einstellung zum Geld? Dient das Geld dazu, sich mit Statussymbolen zu schmücken, die vielleicht gar nicht den tiefen eigenen Wünschen entsprechen, dient es dazu, sich Gefühle zu „erkaufen", oder wird jeder Cent gespart und die Kontobewegung nach oben löst eine Befriedigung aus?

Wenn Sie für sich herausgefunden haben, was Ihnen Ihr Problem sagt, können Sie sich an die Lösung machen.

Wenden Sie dieses Wissen an, um Ihr Problem wirklich zu lösen, um sich selbst von einer Belastung zu er-lösen. Dadurch wird eine echte Veränderung eingeleitet. Sie werden künftig immer weniger Probleme haben, weil Sie nicht mehr oberflächlich an die Dinge herangehen, sondern sich mit dem Wesentlichen befassen.

Wenn Sie sich weiterentwickeln wollen, wenn Sie nicht da stehen bleiben möchten, wo Sie heute sind, sondern Ihr Leben in seiner ganzen Fülle genießen wollen, dann sind Probleme gute Wegbegleiter. Sie ermöglichen Ihnen andere Erkenntnisse und damit neue Möglichkeiten für Ihre Zukunft. Wir wollen Ihnen dabei helfen, indem wir Ihnen anhand von Beispielen zeigen, was Sie für sich tun können. Grundlage dafür ist aber immer eine Überprüfung der eigenen Einstellung und die Frage nach dem Sinn des Problems.

Wir wollen mit der Einstellung zum Problem beginnen. Zum Problem wird für Sie das, was SIE zum Problem machen. Achten Sie deshalb verstärkt sowohl auf Ihre Gedanken wie auch auf Ihre Ausdrucksweise.

Wir haben acht Hauptthemen ausgewählt, die wir ausführlich besprechen und für die wir Lösungsvorschläge durch Selbsthypnose erarbeitet haben. Bevor wir uns den einzelnen Themen widmen, sollten Sie sich noch einmal Zeit für Ihre Ausgangssituation nehmen. Machen Sie eine Bestandsaufnahme und arbeiten Sie dann die folgenden Kapitel durch.

Beantworten Sie die Fragen auf der nächsten Seite ehrlich und offen - lassen Sie sich dabei Zeit und betrachten Sie die Dinge von verschiedenen Blickrichtungen. Versetzen Sie sich auch einmal in die Lage Ihres Kontrahenten, Ihres Partners oder Ihrer Bank - wie wird die Situation aus dieser Perspektive gesehen?

SITUATIONSANALYSE

Meine Ziele:
1.
2.
3.

Meine Probleme:

a) schwere Probleme:
1.
2.
3.

b) akute Probleme:
1.
2.
3.

c) Probleme, die schon seit Jahren bestehen:
1.
2.
3.

Es können u.U. in allen drei Bereichen ein und dieselben Probleme genannt werden.

• Welche Betrachtungsweisen bietet
Problem 1:
Problem 2:
Problem 3:

• Welchen tieferen Sinn hat das Problem für mich?
Problem 1:
Problem 2:
Problem 3:

• Was hindert mich daran, meine Probleme zu lösen bei
Problem 1:
Problem 2:
Problem 3:

• Welches Problem belastet mich am meisten?

• Wie gehe ich bei der Lösung vor?
a) kann ich meine Einstellung verändern?
b) was ich kann ich praktisch (= äußerlich) verändern?

> »Der Frosch, der im Brunnen liegt,
> beurteilt das Ausmaß des Himmels
> nach dem Brunnenrand.« *(Mongolisches Sprichwort)*

1. Das Glück in uns selbst - Aktivierung positiver Anlagen

Unsere Zeit ist geprägt von einer rastlosen Jagd nach dem Glück. Wohin Sie blicken, wird Ihnen Glück in den verschiedensten Formen versprochen. An jeder Litfasssäule wird Ihnen das Glück angepriesen, wenn Sie eine bestimmte Zigarettenmarke rauchen; die Bank bietet Ihnen das finanzielle Glück durch besondere Kreditbedingungen; die Reisebüros wiederum versprechen Ihnen Glück am sonnigen Strand. Wenn das so einfach ist, warum gibt es dann so viele unglückliche Menschen?

Glück ist ein individuelles Gefühl - für jeden bedeutet Glück etwas anderes. Der eine ist glücklich, wenn er im Lotto gewinnt, der andere empfindet Glück in den Armen des geliebten Menschen und der dritte wiederum fühlt sich glücklich, wenn er allein einen schönen Sonnenuntergang am Meer genießen kann.

Glück ist kein Dauerzustand, sondern besteht aus Augenblicken, aus Momenten, die uns unvergesslich bleiben und die uns alles andere vergessen lassen. Wenn wir diese seltenen Momente als das »große Glück« bezeichnen, so wollen wir uns mehr mit dem so genannten »kleinen Glück« auseinandersetzen. Das kleine Glück sind die innere Zufriedenheit, die Harmonie in uns und die daraus resultierenden angenehmen Lebensumstände in jeder Beziehung.

Dieses »Mit-sich-selbst-im-Einklang-Stehen« wird uns durch die Reizüberflutungen des heutigen Lebens gar nicht so einfach gemacht. Niemand hat mehr Zeit - nicht für andere, ja noch nicht einmal für sich selbst! Das Ergebnis ist deutlich sichtbar. Gehen Sie einmal durch die Stadt und betrachten Sie Ihre Mitmenschen. Gehetzt und aggressiv eilen sie durch die Straßen; starre Blicke, unfreundliche Worte und nervöses Drängeln, wohin man auch schaut. Wer so durch sein Leben hastet, der hat das Glück nicht gefunden - weder in sich selbst noch in irgendeinem käuflichen Artikel.

Das Glück und die Zufriedenheit liegt in jedem selbst - in seinem tiefen Inneren. Wer diesen Bereich in sich nicht entdeckt, dem geht ein wesentlicher Teil seines Lebensglücks verloren. Deshalb beginnen wir durch unsere praktischen Übungen damit, das Glück in uns zu entdecken.

Sie werden jetzt wieder mit einem Fragebogen arbeiten, um sich Ihrer positiven Anlagen bewusst zu werden, denn dann können Sie sich am besten Ihre persönlichen Glücksziele setzen.

POSITIVE ANLAGEN UND EIGENSCHAFTEN FINDEN

1. Wie sehen Sie sich? Welche Fähigkeiten haben Sie? Welche positiven Eigenschaften haben Sie? Welche weniger positiven Eigenschaften besitzen Sie?

2. Welche Fähigkeiten möchten Sie verstärken? Welche Eigenschaften wollen Sie verstärken?

3. Welche Träume hatten Sie von
a) Ihrer beruflichen Zukunft?
b) Ihrem Privatleben?
c) anderen Dingen?

4. Welche Träume hatten (bzw. haben) Sie
a) in der Kindheit?
b) noch heute?

5. Was war ihr größter Wunsch?

6. Was würden Sie anders machen, wenn Sie noch einmal Ihr Leben beginnen könnten?

7. Warum haben Sie Ihre Träume nicht verwirklicht?

8. Könnten Sie diese Träume heute noch verwirklichen?

9. Warum tun Sie es nicht?!

Ziele:

- Wie möchten Sie sein?
- Was macht Sie zufrieden und glücklich?

ZIELSETZUNG:

Sie möchten folgende Ziele konkret angehen:
(Notieren Sie entsprechend der Priorität.)

1.

2.

3.

»Gute Menschen sind ansteckend.« *(Peter Rosegger)*

Wenn Sie diese Fragen beantwortet haben, dann wissen Sie mehr über sich und Ihre Anlagen.

Wichtig ist, dass Sie sich Ziele setzen, dass Sie Wichtiges von Unwichtigem trennen. So können Sie Ihre Energie, Ihre Gedanken und Ihr Streben auf das Ziel lenken und werden es deshalb eher erreichen. Wer kein Ziel hat, wird nie zu einem Erfolg - in welcher Art auch immer - kommen können. Er wird ziel-los seine Zeit vergeuden, sein Leben wird dadurch sinnlos. Das Ziel gibt den Sinn.

Es gilt nun, die Hindernisse aufzuarbeiten, die Sie bis jetzt davon abgehalten haben, Ihr Kraftpotential zu entdecken und zu nutzen. Wir gehen deshalb den Weg nach innen, werden über Fragen an Ihr Unterbewusstsein noch einmal prüfen, ob Sie den richtigen Weg gewählt haben oder ob in Ihnen unbekannte Fähigkeiten schlummern, die entwickelt werden könnten.

Sie entspannen sich nach der eingangs erwähnten Methode, schaffen die Grundvoraussetzung für den Kontakt zu Ihrem tiefen Ich und wählen eine Methode, in der Ihr Unterbewusstsein Ihnen auf Ihre Fragen antworten kann, also entweder die Finger-, die Pendel- oder die automatische Schreibmethode.

Stellen Sie Ihrem Unterbewusstsein gezielte Fragen, die mit JA oder NEIN beantwortet werden können. Beginnen Sie damit, Ihr Unterbewusstsein zu fragen, ob die Information, die Sie wünschen, gut für Sie ist. Bejaht das Unterbewusstsein, dann können Sie mit Ihren Fragen beginnen. Das könnte so aussehen:

»Meine größte Stärke ist die Fähigkeit, mit Menschen umgehen zu können. Ist das richtig?«

- Wird Ihre Frage mit JA beantwortet, können Sie weitergehen: *»Kann ich durch meine Fähigkeiten anderen Menschen helfen?«*
- Wird dies ebenfalls bejaht, dann können Sie konkreter werden: *»Ist eine Tätigkeit als Heilpraktiker für mich sinnvoll?«*
- Wenn Sie glauben, dass dieser Beruf für Sie die Erfüllung ist, sollten Sie weiter nachhaken:

»Bringt dieser Beruf mir tiefe Erfüllung?«
»Kann ich damit wirklich anderen helfen?«

Stimmt Ihr Unterbewusstsein mit Ihrer eigenen Einschätzung von sich nicht überein, dann versuchen Sie über zielgerichtete Fragen herauszufinden, welche Fähigkeiten in Ihnen schlummern. Haben Sie dabei Geduld mit sich selbst. Wenn Sie jahrelang der Meinung waren, dass Sie sprachlich sehr begabt sind und Ihr Unterbewusstsein dies jetzt nicht bestätigt, dann wird es für Sie vielleicht nicht so ganz einfach sein, von der gewohnten Meinung loszulassen und zu akzeptieren, dass Sie bisher noch nicht alle Ihre Möglichkeiten ausgeschöpft haben. Sie sollten deshalb weder gleich aufgeben noch sollten Sie mit Ihrer Vergangenheit unzufrieden sein.

Alles, was Sie bisher gemacht haben, hat Sie zu dem Punkt gebracht, an dem Sie heute stehen - das ist durchaus ein Grund zur Dankbarkeit, selbst dann, wenn Sie noch nicht Ihre Wünsche realisiert haben. Denn ohne Ihre Vergangenheit wären Sie heute nicht in der Lage, Ihr Leben zu verändern - Sie hätten im alten Trott weitergemacht, die wunderbaren Möglichkeiten tief in Ihnen nicht entdeckt und natürlich auch keinen Nutzen daraus ziehen können.

Nehmen Sie diese Gedanken zum Anlass, sich von Schuldgefühlen loszusagen. Nicht die Vergangenheit entscheidet über Ihr Leben, sondern die Zukunft ist wichtig und an Ihnen liegt es, was Sie daraus machen. Lassen Sie alles los, was Sie belastet - stehen Sie zu dem, was Sie gemacht haben und erkennen Sie, dass alles, was Sie getan haben für - diesen Moment, in dem Sie es getan haben - richtig war.

Wenn sich im Nachhinein herausstellt, dass Sie Fehler gemacht haben, dann ist das cin Grund, aus diesen Fehlern zu lernen. Wenn Sie sich eine solche Einstellung zu Eigen machen können, dann kommen Sie voran in Ihrem Leben, denn Sie gewinnen Erkenntnisse, lernen aus Erfahrungen und entwickeln sich weiter. Auch negative Ereignisse, Fehler und Unglück sind Stufen auf dem Weg nach oben. Nehmen Sie leidvolle Erlebnisse ebenfalls als einen Teil Ihres Lebens an und seien Sie dankbar dafür, denn gerade die schmerzhaften Erfahrungen erlauben schnelleres Wachsen und Reifen.

Zum Glücklichsein gehört das Wissen um den Sinn des Lebens. Wenn Sie immer im Stress sind, dann befragen Sie doch einmal Ihr Unterbewusstsein:

»Ist es der Sinn meines Lebens, täglich so viel zu arbeiten, dass ich abends todmüde ins Bett falle?«

Ihr Unterbewusstsein wird Ihnen vermutlich hier mit NEIN antworten. Fragen Sie weiter, lassen Sie Ihre Gedanken frei und Sie werden den Sinn Ihres Tuns, Ihres Lebens erkennen.

Wir geben Ihnen hier einen kleinen Wegweiser, was der Sinn Ihres Lebens sein könnte und wie Sie ihn finden:

1. Erkenntnisse sammeln und nutzen
Allen äußeren Besitz loslassen, zurücklassen. Das Einzige, was wir mitnehmen und was unsere Persönlichkeit ausmacht, sind die Erkenntnisse, die wir aus unseren Erlebnissen und Erfahrungen gewonnen haben. Nackt wurden wir geboren und nackt werden wir sterben. Alles, was bleibt, sind Erkenntnisse.

2. Den Augenblick erfüllen
Jeden Augenblick bewusst erleben, ihn als eine Chance nutzen, ihn mit positiven Impulsen zu beleben. Jede Sekunde des Lebens wahrnehmen: Jetzt - in diesem Moment - leben, die Aufgaben erkennen, die sich uns stellen, und sie einer positiven Lösung zuführen. Jede Minute, die vergeht, ist unwiderruflich dahin! Sie kommt nie mehr zurück. Lassen wir Sie nicht nutzlos, sinnlos verstreichen - auch das Lächeln eines Vorübergehenden, das Vertrauen ei-

nes Freundes oder die Erkenntnis über den Wert jeder Minute ist ein erfüllter Augenblick.

3. Unsere Aufgaben erkennen
Jeder Mensch hat eine Aufgabe - seine Lebens-Aufgabe - zu erfüllen. Dafür ist er optimal vorbereitet, hat alle Voraussetzungen, ist mit allem ausgestattet, was er zur Erreichung seines Ziels braucht. Wir sollten unsere Aufgabe erkennen und erfüllen - das ist der Weg zu unserem Ziel in diesem Leben.

4. Selbstverwirklichung
Wir erkennen unser wahres Selbst und lassen die Vollkommenheit unseres wahren Selbst durch uns wirken. Dazu gehört die Erkenntnis, dass Selbstverwirklichung nicht gleichzusetzen ist mit dem Nachgeben aller Launen. Wer dies tut, ist Sklave seiner Lust. Wer sich jedoch entwickeln will, der lernt Selbst-Beherrschung, damit er sich selbst verwirklichen kann. Die Entfaltung des eigenen Selbst spiegelt das Sein wider.

5. Der Tod als Krönung des Lebens
Loslassen von allem, was uns einengt, was Besitz von uns ergreifen will oder was wir besitzen wollen - das ist Freiheit. Aus dieser Freiheit heraus können wir im Tod die Krönung des Lebens sehen, denn wir sind jederzeit bereit zu gehen.

Das Glück in uns entsteht durch die Aktivierung unserer positiven Anlagen. In jedem von uns ist ein großes Energiepotential verankert, das unser Leben weitgehend bestimmen kann, sofern wir es freisetzen. Dann können wir die positive Kraft nutzen und stärken. Gemäß den geistigen Gesetzen kehrt alles zurück, was Sie ausstrahlen. Geben Sie positive Energie, erhalten Sie von Ihrer

Umwelt eine entsprechende Resonanz. Dadurch wird Ihre eigene Kraft immer wieder aufgeladen, wird stärker und stärker. Je mehr das Positive sich ausbreitet, desto geringer werden die negativen Kräfte. Wir sollten uns deshalb immer wieder bewusst machen, dass unsere Gedanken eine wesentliche Rolle in unserem Leben spielen, und wir sollten deshalb alles dafür tun, sorgfältig auf alle Gedanken zu achten.

Sprechen Sie mit Ihrem Unterbewusstsein, bitten Sie darum, Ihre Selbstdisziplin zu steigern, Ihr Bewusstsein zu erweitern und Ihre Gedanken in einer positiven Ebene anzusiedeln.

Sie können dies in Form von Suggestionen und durch Visualisierung erreichen. Stellen Sie sich vor, wie Sie kritische Situationen mit einer positiven Einstellung angehen und wie sich alles nach Ihrem Wunsch und Ihrer Vorstellung entwickelt. Diese verbale und visuelle Vorstellung lassen Sie auf Ihr Unterbewusstsein wirken. Es wird Ihr Bild speichern und Sie darauf aufmerksam machen, wenn Sie in eine negative Denkweise verfallen.

Monika, eine junge, attraktive Frau, die an unserem Seminar teilnahm, fiel durch ihre äußerst modische Kleidung und reichlich teuren Schmuck auf, hatte jedoch im Gegensatz zu ihrer strahlenden äußeren Erscheinung kaum Aus-strahlung. Sie wirkte unruhig, nervös und lustlos.

Wie wir später erfuhren, war sie mit einem reichen Mann verheiratet, lebte in »besten Verhältnissen«, jettete mal schnell nach N.Y., um in die Oper zu gehen, verbrachte die heißen Monate des Jahres auf einer Insel im Mittelmeer und war gern gesehener Gast auf den Parties der »beautiful people«.

Trotz dieser günstigen äußeren Voraussetzungen wirkte sie beileibe nicht zufrieden oder gar glücklich. Sie erzählte, dass sie, von einer inneren Unruhe getrieben, immer mehr kauft, immer mehr unternimmt, immer weniger Freude hat und jede Unternehmung sie zunehmend mehr Kraft kostet.

Monika war verhaftet in den Äußerlichkeiten, die ihr mit der Zeit immer schaler erschienen. Je mehr sie sich leistete, je mehr sie unternahm, umso schlechter schien es ihr zu gehen und sie wurde immer unzufriedener mit sich und ihrem Leben.

Aus Langeweile und weil eine Freundin ihr einmal von einem Selbsthypnoseseminar erzählt hatte, kam sie überhaupt zu uns. Sie hatte anfangs ein wenig Schwierigkeiten, anders zu denken, loszulassen von den Werten, die bisher ihr Leben bestimmten. Aber dann wurde sie eine aktive »Mit-Arbeiterin«, die schnell erkannte, dass der Weg zum Glück nicht über das Bankkonto, sondern über das eigene Ich führt. Wir konnten ihre Fortschritte mit Freude mitverfolgen. Sie hatte keine Schwierigkeiten, sich zu entspannen, und war sehr schnell in der Lage herauszufinden, was ihr fehlte und was sie sich wünschte. Mit der Erkenntnis, dass Zufriedenheit, Harmonie und Glück in den Tiefen der eigenen Seele liegen, war die dringend notwendige Veränderung eingeleitet.

Ihre Suggestion basierte hauptsächlich darauf, sich selbst kennen zu lernen, die eigenen Talente zu entdecken und diese Fähigkeiten dann für das eigene Wohl und das ihrer Mitmenschen einzusetzen.

Auf die Frage, was ihr Freude macht, antwortete sie spontan: »In Ruhe eine schöne Schallplatte hören oder am Strand spazieren gehen, alle Eindrücke in mich aufnehmen und wirken lassen.« Dieselbe Frage hatte sie übrigens bei Seminarbeginn so beantwortet: »In einem teuren Juwelierladen unter all den glitzernden Steinen den teuersten herausfinden.«

Wenn Sie den Weg nach innen einschlagen wollen, dann empfehlen wir Ihnen, Ihr Unterbewusstsein zu befragen, was Ihnen wirklich inneres Glück vermittelt. Gehen Sie nach dem auf der nächsten Seite beschriebenen Fragemodell vor. Lassen Sie Ihre Gedanken frei und nehmen Sie die Bilder auf, die vor Ihrem geistigen Auge entstehen, wenn Sie mit Ihrem Unterbewusstsein sprechen. Vielleicht sehen Sie sich dann in einem neuen Beruf, in einer anderen Umgebung oder einfach in einer liebevolleren Art, mit Ihrer Umwelt umgehen. Hören Sie zu, was Ihnen Ihre innere Stimme sagt. Versenken Sie sich in sich selbst, lassen Sie sich in Ihre Mitte fallen.

Entdecken Sie die Harmonie in sich selbst, geben Sie alle unterdrückten und eingesperrten Gefühle frei - verschenken Sie Liebe und sie wird zu Ihnen zurückkehren. Nehmen Sie sich an. Sie sind ein liebenswerter Mensch, der Freude am Leben hat und dessen Ausstrahlung alles Schöne anzieht. Fragen Sie:

»Wer bin ich?«

Entwerfen Sie hier 10 Fragen an Ihr Unterbewusstsein.

1.

2.

3.

4.

5.

6.

7.

8.

9.

10.

Die Antworten, die Sie erhalten haben, helfen Ihnen dabei, sich Ihre Suggestion zusammenzustellen. Beachten Sie alle wesentlichen Punkte, die wir hierzu schon besprochen haben. Verstärken Sie Ihre Suggestion durch ein entsprechendes geistiges Bild von Ihren Zielen.

Im letzten Kapitel finden Sie unsere Vorschläge, die Ihnen als Anregung für Ihren eigenen Text helfen sollen, die Sie aber auch ganz übernehmen können. Doch zuerst sollten Sie sich selbst an die Arbeit machen - denn SIE wollen IHR Glück in SICH selbst finden. Und die Mühe macht den Weg zum Ziel reizvoller. Sie haben sehr viel mehr Freude, wenn Sie auf Ihre eigene Leistung stolz sein können. Seien Sie nett zu sich, loben Sie sich für Ihre Anstrengungen, für Ihre Einstellung - kurz für alles, was Sie gut machen.

DAS ZIEL

- Wenn Sie nichts und niemanden brauchen,
  um zu einem ruhigen Glücksgefühl zu kommen.
- Wenn Sie sich annehmen können und sich selbst mögen.
- Wenn Sie allein sein können, ohne sich einsam zu fühlen.
- Wenn Sie Stille nicht nur ertragen, sondern genießen können.
- Wenn Sie Ihre Selbstverantwortlichkeit erkennen.
- Wenn Sie sich selbst als Verursacher von Freude
  und Leid in Ihrem Leben akzeptieren.
- Wenn Sie in Einklang mit sich und Ihrer Umwelt leben.
- Wenn Sie offen sind für Ihre Mitmenschen.
- Wenn Sie Ihre Gefühle zulassen können.
- Wenn Sie sich frei machen können von äußeren Zwängen.
- Wenn Sie JA zu sich und zum Leben sagen.

Stichworte für Ihre Suggestion:

- Ich entdecke alles Schöne in mir.
- Ich lasse los.
- Ich lebe bewusst und voller Freude.
- Alles liegt in mir.
- Ich bin auf dem Weg.

Visuelle Bilder:

Alles, was strahlt und hell ist: die Sonne, der Tagesanbruch, die Sonnenblume.

2. Aktivierung der Selbstheilungskräfte

- Bei körperlichen Problemen

Körperliche Beschwerden haben immer einen seelischen Ursprung, der in einer Disharmonie zwischen Körper und Seele liegt. Wir können uns zwangsläufig nur mit ein paar Beispielen befassen. Grundsätzlich sollten Sie sich aber angewöhnen, bei allen Beschwerden zu fragen, woher Ihre Schmerzen, Ihre körperlichen Be- bzw. Überlastungen kommen. Befragen Sie Ihr Unterbewusstsein nach der von Ihnen bevorzugten Methode beispielsweise:

»Seit Mittwoch habe ich Magenschmerzen. Kann die Ursache in dem Streit liegen, den ich mit meinen Eltern an diesem Tag hatte?«

Oder:

»Ich fühle mich seit einigen Wochen abgespannt und lustlos. Habe ich meine Kräfte überstrapaziert?«

Wenn Sie Ihr Unterbewusstsein in dieser Art und Weise fragen, werden Sie herausfinden, was wirklich mit Ihnen los ist. Sie können sich dann eine für Ihre Situation passende Suggestion erarbeiten, die Sie möglichst oft anwenden. Und natürlich sollten auch die krank machenden Umstände verändert werden.

Wenn Ihnen die Beziehung zu Ihren Eltern auf den Magen schlägt, dann ist es höchste Zeit, hier einmal grundlegend etwas zu unternehmen.

Ein Problem können Sie am besten lösen, wenn Sie in sich ruhen, denn dann können Sie klar denken, können Ihre Gefühle zulassen und die Lösung kristallisiert sich heraus. Sie werden durch den Kontakt zu Ihrem Unterbewusstsein eine Möglichkeit finden, ein harmonisches Verhältnis mit Ihren Eltern aufzubauen. Sei das nun über eine klärende Aussprache oder über das innere Loslassen, die Bereitschaft, einen Strich unter die Vergangenheit zu ziehen.

Schlaflosigkeit

Schlafstörungen deuten immer auf ungelöste Probleme hin. Deshalb ist es hier unerlässlich, die Ursachen - also die verdrängten oder auch die bekannten Probleme - aufzuarbeiten. Ist man befreit von der Belastung, kann ein gesunder Schlaf die notwendige Erholung bringen. Es sollte deshalb an der Wurzel angesetzt werden.

Gründe, die in der Vergangenheit liegen:

Eine ältere Dame, Elvira Rittler, litt schon seit Jahren darunter, dass sie nicht einschlafen konnte. Sie erzählte uns, dass sie fast die ganze Nacht wach liege, keine Ruhe finden könne, weil ihre Gedanken umherkreisen. Es gelinge ihr nicht, die Gedanken abzustellen. Sie habe alles probiert: Schäfchenzählen, Bier oder warme Milch mit Honig vor dem Zu-Bett-Gehen. Sie habe sich körperlich sehr beansprucht in der Hoffnung, müde in den ersehnten Schlaf zu sinken; sie sei früh ins Bett gegangen, habe es auch mit Spät-ins-Bett-Gehen versucht.

Nichts half ihr. Sie sah auch tatsächlich müde aus, faltig und etwas grau im Gesicht. Unsere Frage, wann dieser Zustand das erste Mal aufgetreten war, konnte sie nicht beantworten. Wir erarbeiteten zusammen mit ihr einen Fragenkatalog, mit dessen Hilfe sie den Beginn und die Gründe für ihren Zustand erfragen sollte. Da sie keinerlei Anhaltspunkt für ihre Schlaflosigkeit hatte, wollten wir zuerst herausfinden, zu welchem Zeitpunkt die Schlafstörung eingesetzt hatte, um dann zu klären, was sich damals ereignet hatte.

Deshalb gingen wir folgendermaßen vor: »Begann meine Schlafstörung vor einem Jahr?« Dieser Zeitraum wurde dann ausgeweitet. Das Unterbewusstsein antwortete bei der Zahl 11 mit JA; hier ging es dann konkret weiter: »Hatte ich die Störung schon im Januar?« Die positive Antwort kam beim Oktober. Elvira Rittler sollte rekonstruieren, was sich im Oktober vor 11 Jahren ereignet hatte. Es war genau der Monat, in dem sie von ihrem Mann, mit dem sie 21 Jahre verheiratet gewesen war, geschieden wurde.

In diesem Monat wurde für sie nun das gesetzmäßige Gewissheit, was sie all die Jahre zuvor mit großer Kraft versucht hatte zu verdrängen. Ihr Mann war schon längere Zeit mit einer anderen Frau liiert. Elvira Rittler wehrte sich gegen diese Tatsache, indem sie das Verhältnis ignorierte. Sie verschloss sich gegenüber dem Gedanken, dass ihre Ehe sich verändert hatte und zu scheitern drohte. Sie wollte das behalten, was sie hatte (auch um den Preis, dass ihr Mann sie nicht mehr liebte und sie ihn mit einer anderen Frau teilen sollte). Sie wollte nicht erkennen, dass das Ende da war, wollte nicht loslassen von ihrem »Besitz« und geriet dann in völlige Panik, als die Ehe geschieden wurde.

Sie war so fixiert auf ihre kleine Welt, hatte Angst vor allem Neuen und wusste nicht, wie sie überhaupt weiterleben sollte unter diesen neuen Bedingungen. Damals zermarterte sie sich den Kopf, was sie tun, was sie aus ihrem Leben machen und wie sie ihren Unterhalt verdienen sollte - kurz, wie sie überhaupt über-leben könnte. Schon bald hatte sie sich neu orientiert, einen Beruf erlernt, sich eine nette kleine Wohnung genommen und sich in mühevoller Anstrengung Ziele gesetzt und Unternehmungen geplant und durchgeführt, so dass es ihr heute eigentlich ganz gut geht. Sie ist finanziell abgesichert, die Arbeit macht ihr Freude und sie hat einen recht großen Bekanntenkreis. Und wenn diese Schlaflosigkeit nicht wäre, so sagt sie, könnte sie zufrieden mit ihrem Leben sein.

Nachdem wir also den Zeitpunkt erfahren haben, wurden die Zusammenhänge sofort klar. Die Angst vor der großen Veränderung in ihrem Leben, der Verlust von Liebe und Sicherheit, hatten sich so tief eingegraben, dass sie sich - trotz aller Errungenschaften - innerlich nicht davon befreit hatte. Tagsüber war sie durch die Arbeit und ihre Aktivitäten abgelenkt. Doch nachts, wenn sie sich zur Ruhe legen wollte, wurden alte Gedanken und Ängste wach. Zwar waren es nicht mehr die Gedanken an ihre gescheiterte Ehe oder die Ängste vor der Zukunft. Es waren alle möglichen Gedanken, die ihr nachts durch den Kopf gingen. Was sie morgen anziehen sollte, ob sie ein Rezept mit oder lieber doch ohne Tomaten zubereiten sollte.

Es handelte sich um völlig unnütze und banale Gedanken. Es ging dabei nicht um den Inhalt, sondern nur darum, diese tief in ihr sitzende, nicht verarbeitete Scheidungsangst durch Banalitäten zu übertünchen, um zu verhindern, sich mit der damaligen Situation noch einmal auseinander setzen zu müssen. Es wurde damals ein unbewusster Prozess eingeleitet, der wirksam blieb, solange die Ursachen die Lebensenergien - in diesem Fall durch den gestörten Schlaf - blockierten. Frau Rittler wusste nun, dass sie ihre Ängste von damals nicht verdrängen konnte. Sie wollte ruhig und zufrieden in der Gegenwart leben, wollte ihr Leben genießen und machte sich deshalb daran, ihre Vergangenheit endlich und endgültig aufzuarbeiten.

Mit Hilfe eines Suggestionsprogramms ging sie gezielt an die Arbeit an sich selbst. Und da sie ihr Leben ja meistert, konnte sie von einer sicheren Basis aus diese Aufgabe angehen.

Doch allein schon durch die Kenntnis der Zusammenhänge fühlte sie sich viel besser. Sie war ihrer Schlaflosigkeit nicht mehr so ausgeliefert, denn sie war nun überzeugt davon, dass sie die Last der Vergangenheit abwerfen konnte. Dieses Wissen beschwingte sie und gab ihr viel Elan.

Stichworte für Ihre Suggestion:

- Loslassen der Vergangenheit
- Annehmen der neuen Situation
- Erkenntnis neuer und schöne Möglichkeiten
- Schlussstrich unter die Vergangenheit ziehen
- Erkennen der eigenen Fähigkeiten
- Erkenntnis der eigenen Kraft
- Eigene Erfolge bewusst sehen
- Dankbarkeit für die positive Entwicklung
- Ruhe und Stille in sich suchen und zulassen

Visuelle Bilder:
weites Meer, Sonnentage, Meeresrauschen

Gründe, die in der Gegenwart oder der Zukunft liegen:

Andere Menschen wissen ganz genau, warum sie nicht schlafen können, wobei es unwesentlich ist, ob jemand nicht einschlafen kann, ständig aufwacht oder immer schon ab 4 Uhr morgens wach im Bett liegt. Das sind nur die Symptome. Die Ursachen liegen immer im seelischen Bereich. Der eine hat Geldsorgen, der andere ist durch den Stress so belastet, dass er nicht zur Ruhe findet, und dem dritten ist es entweder zu kalt, zu heiß oder das Bett ist zu hart oder zu weich. Irgendetwas Äußerliches stört ihn immer, selbst wenn er allein auf einer Insel wäre, er würde einen äußeren Grund finden, der ihm den Schlaf raubt. Doch alle diese Gründe sind nur der Vorwand für die wahren Auslöser, die wiederum in jedem selbst zu suchen sind.

Wir müssen also zweigleisig vorgehen:

a) Ruhe in uns selbst schaffen

b) Lösung der belastenden Probleme entweder durch konkrete Taten und/oder eine Veränderung der Einstellung zur Situation

Die Ruhe, die zu einem erholsamen Schlaf nötig ist, können Sie sich erarbeiten, indem Sie sich durch die Selbsthypnose von den »Unruhestiftern« lösen. Versenken Sie sich in Ihr tiefes Ich, lassen Sie los von den Gedanken, lassen Sie Harmonie in sich entstehen. Wenn Sie dieses Stadium erreichen, dann werden Sie ruhig schlafen und durch die Kraft, die Sie in einem erholsamen Schlaf sammeln, können Sie Ihr Problem besser meistern.

Stichworte für Ihre Suggestion:

- Loslassen von allen Gedanken.
- Loslassen von allem, was Sie belastet.
- Sich versenken in sich selbst.
- Die eigene Kraft frei fließen lassen.

- Diese Kraft spüren, wie sie Ihren Körper durchströmt.
- Mit jedem Atemzug Ruhe einatmen.
- Mit jedem Atemzug Belastendes ausatmen.

Visuelle Bilder:
Sommerwiese, Meeresrauschen, blauer Himmel mit weißen Wolken

Andere Probleme:

Ob Sie nun Ihr Nägelkauen abstellen wollen, sich von Ihren Kopfschmerzen befreien möchten - das System ist immer das gleiche:

Fragen Sie nach den Ursachen und arbeiten Sie diese auf. Gerade Kopfschmerzen - ein weit verbreiteter Ausdruck nicht gelöster Probleme und ständiger Überlastung - wird von manchen Menschen heute schon geduldig ertragen, ja als selbstverständlich angenommen. Doch das ist nicht nötig.

Auch Kopfschmerzen können aufgelöst werden. Besonders betroffen sind die Kopfmenschen, die den Kopf überlasten, ihm zu viel zumuten und die meist auch unter großer An-Spannung stehen. Spannungskopfschmerzen machen dies sehr deutlich. Also auch hier: LOSLASSEN - DURCHLÄSSIG werden und den Energiefluss im Körper nicht durch Gedanken blockieren.

Stichworte für Ihre Suggestion:

- Loslassen.
- Positive Energie durchströmt meinen Körper vom Kopf bis zu den Zehen.
- Gedanken davonfliegen lassen.
- Den Kopf frei machen.
- Die Augen öffnen für Neues und Schönes.
- Geschehen lassen im Vertrauen auf die höhere Macht.

Visuelle Bilder:

Gedanken, die wie weiße Federn davonfliegen - leicht und spielerisch; die Weite der Landschaft

- Bei seelischen Problemen

Das größte Problem unserer Zeit scheint wohl die Angst zu sein. Viele Menschen haben Angst - Angst vor dem Leben, vor dem nächsten Tag. Andere haben konkrete Ängste, vor einer Prüfung etwa oder vor bestimmten Menschen, vor dem Fliegen oder dem Gewitter. Angst ist immer ein Ausdruck von Unsicherheit, von mangelndem Vertrauen zu sich und zu seinen Kräften und Fähigkeiten. Wenn Sie unter Ängsten leiden, dann sollten Sie sich nicht nur mit der Auflösung dieses negativen und zerstörerischen Gefühls befassen. Genauso wichtig ist der Aufbau des Vertrauens zu sich selbst - die Erarbeitung eines gesunden Selbstbewusstseins. Diesen Punkt werden wir später noch einmal gesondert behandeln.

Wenn wir von Angst sprechen, dann sollten wir immer daran denken, dass Angst in gewissen Grenzen durchaus notwendig und natürlich ist. Angst ist ein Urgefühl des Menschen. Wie sonst hätte der Mensch überhaupt überleben können, hätte in manchen Situationen die Angst ihn nicht vor Unheil bewahrt. Es gibt die »gesunde« und die krank machende Angst.

Die gesunde Angst kann auch als Instinkt bezeichnet werden und ist ein Gefühl des Unbehagens, das uns in manchen Fällen davor bewahrt, Dinge zu tun, die für uns schädlich sind. Wer nach einem schweren Skiunfall Angst vor dem Skifahren hat, dessen Angst ist begründet. Doch sollte auch diese Art der Angst aufgearbeitet werden, damit sie sich nicht auf andere Bereiche ausbreiten und zum Grundstein für ein Leben in Angst werden kann.

Wenn Angst wächst, immer mächtiger wird und großen Raum in unserer Gedanken- und Gefühlswelt einnimmt, wenn Angst unser Leben beherrscht und unser Tun bestimmt, dann ist es höchste Zeit, dieser Angst Einhalt zu gebieten, bevor sie sich zu einer Neurose oder Phobie entwickeln oder in eine Depression übergehen kann. Angst entsteht durch eine falsche Einstellung im Unterbewusstsein, die dann körperlich-seelische Folgen hat. Angst ist sogar chemisch messbar durch das Adrenalin, das in Angstsituationen vermehrt ausgeschieden wird. Zu viel Adrenalin kann zu einer Erhöhung des Blutdrucks mit seinen bekannten schädlichen Folgen führen.

Wenn Hänschen Angst vor der heißen Herdplatte hat, ist das durchaus berechtigt und sinnvoll. Wenn hingegen Max Muxer Angst vor einer Krebserkrankung hat und jeden Bericht über diese Krankheit verschlingt, um dann in ständiger Selbstbeobachtung die einen oder anderen typischen Merkmale für einen beginnenden Krebs an sich festzustellen, dann bewegt er sich direkt auf die Neurose zu. Allein schon bei der Lektüre über neue Krebsarten erhöht sich sein

Blutdruck, beschleunigt sich sein Puls und seine Kehle fühlt sich an wie zugeschnürt. Wenn Max Muxer durch seine Angst nicht wirklich die gefürchtete Krankheit anziehen will, dann sollte er unbedingt und schnellstens mit der Auflösung dieser selbstzerstörerischen Energie beginnen.

Angst kann zu einer sich ständig selbst aufladenden Kraft werden. Je mehr Angst Sie haben, desto schlechter fühlen Sie sich körperlich. Sie haben nicht nur Herzklopfen, zitternde Hände und weiche Knie, sondern auch noch einen ausgetrockneten Hals. Diese äußeren Symptome belasten Sie zusätzlich, so dass die Angst dadurch noch größer wird - je mehr Angst Sie haben, desto mehr Adrenalin wird ausgeschüttet und die Folge-Erscheinungen verschlimmern sich weiter.

Ängste in späteren Lebensabschnitten werden oft schon im Kinderzimmer geboren, wenn durch eine strenge Erziehung den Bedürfnissen und Gefühlen des kleinen Kindes nicht individuell Rechnung getragen wird und strikte Verbote die kindlichen Empfindungen missachten. So kann das Gefühl des Unbehagens beim Kind, das der stärkere Erwachsene einfach ignoriert, sich zu einer großen Angst entwickeln.

Die Angst vor Versagen ist ja recht weit verbreitet und wird durch ständige negative Äußerungen in der Kindheit regelrecht ins Unterbewusstsein eingepflanzt. Wer kennt nicht das Stöhnen der Eltern: »Das kannst du nicht, da bist du noch zu klein/zu dumm.« Ständige Wiederholungen in diesem Tenor setzen sich fest. Und irgendwann glaubt der kleine Mensch schon daran, dass er dieses und jenes nicht kann. Später traut er sich neue Aufgaben nicht zu, hat weder Kraft noch Mut, nach seinen (heimlichen) Wünschen zu leben. Er bleibt lieber da, wo er ist, denn hier kann er alles, was von ihm gefordert wird.

Wenn diese Versagensangst auch nicht so gravierend erscheint, so hindert sie doch an der eigenen Entwicklung. Wie viele wirkliche Talente sind auf diese Art und Weise wohl schon verschüttet worden, bevor sie überhaupt die Chance bekamen, sich zu entwickeln? Die Versagensangst ist auf jeden Fall ein schweres Hemmnis, das das ganze Leben behindern und die Lebensfreude schmälern kann.

Angst vor Tieren, vor Gewitter, vor fremden Menschen, vor großen Menschenmengen kann in extremen Fällen bis zur Ohnmacht führen und sich zu einer Angstneurose ausweiten. Angst hat viele Gesichter und nicht nur ängstlich erscheinende Menschen leiden an Angst. Auch der Angeber, der sich lautstark seiner Taten brüstet, kann von der Angst geleitet werden. Er versucht nur, seine Angst durch große Worte und Lautstärke zu überdecken - nach dem Motto, wenn ich laut im dunklen Wald singe, dann hört jeder (und vor allem ich selbst), dass ich stark bin und keine Angst habe! Angst kann nicht durch Tabletten aufgelöst werden - Angst muss von der Ursache her aufgearbeitet werden. Die Selbsthypnose kann Ihnen hier einen Weg in eine Zukunft ohne Angst zeigen.

Sie empfinden die körperliche Ruhe, die sich in einem Entspannungszustand in Ihnen ausbreitet, als äußerst wohltuend; durch die Harmonie wird die Adrenalinausschüttung verringert. Ihre Suggestion sollte gezielt Ihre persönlichen Ängste ansprechen und in gewohnter positiver Weise formuliert werden.

Stichworte für Ihre Suggestion:

- Loslassen, was Sie einengt.
- Ruhe und Harmonie finden.
- Mit Freude neue Aufgaben annehmen (bei Versagensangst).
- Die schönen Aspekte des Lebens sehen (bei Lebensangst).
- Das Gefühl der Sicherheit und Geborgenheit in sich finden, auf die höhere Macht vertrauen (Angst vor Gewitter).

Visuelle Bilder:

Meistern der angsteinflößenden Situation. Sehen Sie sich z.B., wie Sie einen lieben, großen Hund streicheln (wenn Sie Angst vor Hunden haben), wie Sie gelassen im Kino sitzen (wenn Sie an Angst vor vielen Menschen leiden). Schaffen Sie sich Ihr positives Bild von Ihrer Angst-Situation!

Depressionen werden häufig durch unbewusste Ängste eingeleitet und äußern sich dann in Lebensunlust, in grundloser Traurigkeit und Antriebsschwäche. Oftmals beginnen Depressionen schleichend. Traurigkeit befällt den Menschen, wenn es dämmrig wird, oder aber er ist lustlos, wenn die Sonne scheint und alle anderen Menschen um ihn herum voller Lebensfreude und Aktivität sind.

Nur er hat keine Freude, zieht sich am liebsten in sein »Schneckenhaus« zurück und fühlt sich dann noch schuldig, weil er so anders ist als die anderen. So wird der Teufelskreis perfekt. Unverarbeitete Erlebnisse, Verluste und tiefe Kränkungen können in Depressionen übergehen.

Maria Schreibler hat ihre 87-jährige Mutter jahrelang aufopfernd gepflegt, hat ihre eigenen Ansprüche an das Leben zurückgestellt und fühlte nach dem Tod ihrer Mutter eine unendliche Leere in sich. Sie trauerte um ihre Mutter, aber sie trauerte noch mehr ihrer Aufopferung nach, die sie zu ihrer Lebensaufgabe gemacht hatte. Schwach und müde ließ sie sich in diese Leere fallen. Ihre Gedanken wurden immer trübsinniger und bald sah sie keinen Sinn mehr, hatte keine Lust und konnte weder ein Ziel für sich finden noch sich an irgendetwas erfreuen. Sie befand sich in dem düsteren Gefängnis der Depression.

Stichworte für Ihre Suggestion:

- Das Licht sehen, das herausführt aus der Dunkelheit.
- Positive Impulse in sich entdecken.
- Kraft in sich spüren.
- Die schönen Seiten des Lebens sehen.
- Herz und Augen öffnen für die positiven Aspekte.
- Im Hier und Jetzt leben.
- Anderen Menschen Liebe und Freude schenken.
- Neue Wege gehen.

Visuelle Bilder:
Sonnenaufgang; helle, lichte Bilder der Natur wie blühende Bäume, Frühlingsstimmung; in einem Heißluftballon nach oben schweben.

Wer kennt nicht auch das Gefühl, schuld zu sein, weil er falsch reagiert hat, weil er wutentbrannt und unbeherrscht Worte gesagt hat, die er nicht so meinte, weil er absichtlich einen lieben

Menschen verletzt hat. Schuldgefühle sind - ebenso wie Angst - in Grenzen oftmals berechtigt und sollten dazu anregen, das eigene Verhalten zu überprüfen, es möglicherweise zu verändern, zu lernen, Fehler zuzugeben und sich zu entschuldigen. Viele Menschen tendieren aber auch dazu, sich an allem schuldig zu fühlen, unabhängig davon, ob sie tatsächlich eine Schuld tragen oder nicht. Eine solche Einstellung kann die Lebensfreude und die eigenen Entfaltungsmöglichkeiten ziemlich beeinträchtigen.

Geht es Ihnen auch so? Dann ist natürlich erst einmal zu klären, ob Sie tatsächlich Fehler gemacht haben. Wenn ja, dann können Sie - soweit das noch möglich ist - anders handeln oder zumindest die Fehler eingestehen und sich entschuldigen. Außerdem können Sie aus diesen Fehlern für die Zukunft lernen. Sie können es das nächste Mal besser und richtiger machen und gleichzeitig wieder etwas über sich selbst erfahren, indem Sie sich ganz ehrlich fragen, WARUM Sie überhaupt so gehandelt haben.

Wir wollen uns aber mit den Menschen befassen, die sich immer und überall schuldig fühlen. Dieses Schuldgefühl kann die Energie lähmen, kann zu Depressionen führen. Prüfen Sie, ob Sie Ihre Fehler und die der anderen erkennen. Nehmen Sie die letzten zwei Wochen und gehen Sie in Gedanken Situationen durch, die in Ihnen Schuldgefühle hervorgerufen haben.

Sind das etwa ständig wiederkehrende Momente und sich wiederholende Gedanken und Gefühle? Wenn Sie ständig Streit haben mit Ihrer Schwester, sind Sie dann immer schuld? Wenn Sie Ihrem Freund die Meinung über sein ruppiges Verhalten sagen, fühlen Sie sich dann schuldig, dass er verärgert ist? Ruft die schlechte Laune Ihres Vorgesetzten in Ihnen auch gleich Schuldgefühle hervor und fragen Sie sich gleich, ob Sie etwas falsch gemacht haben?

So wie Jutta Karrel, die ihrem Chef bereits vom Gesicht ablesen konnte, in welcher Stimmung er sich befand. Bemerkte sie nur im Entferntesten ein Anzeichen von Missmut, prüfte sie sofort alle Arbeiten, die sie in letzter Zeit gemacht hatte, um festzustellen, ob sie Auslöser der Missstimmung sei. Selbst wenn sie kein Versehen ihrerseits feststellen konnte, fühlte sie sich nicht wohl in ihrer Haut. Das Gefühl, an seiner Stimmung schuld zu sein - und wenn es nur sei, dass ihm ihr Make-up nicht gefallen oder er mit dem falschen Fuß aufgestanden sein könnte - SIE hatte Schuldgefühle wegen seiner schlechten Laune.

Kennen Sie solche Situationen? Dann machen Sie gleich weiter mit der Erarbeitung einer passenden Suggestion.

Stichworte für Ihre Suggestion:

- Ich liebe mich und die Menschen, mit denen ich mich umgebe.
- Ich bin verantwortlich für mein Handeln, so wie jeder andere für sein Verhalten verantwortlich ist.
- Ich übernehme die Verantwortung für mein Verhalten.
- Alles, was ich gebe, kommt zu mir zurück.
- Alles, was ich tue, fördert das Positive.
- In mir ist Liebe und Harmonie - ich bin frei.

Visuelle Bilder:

Wie ein Vogel fliegen Sie frei über die Stadt; in Säcken laden Sie die Schuldgefühle von sich ab und fühlen sich dabei leicht und wunderbar; Sie steigen auf einen Berg und lassen alles hinter sich, sehen nur den Gipfel vor sich, spüren den frischen Wind, die reine Luft und genießen den blauen Himmel.

3. Vom Stress zur kreativen Ruhe

Stress wird uns nicht von außen aufgebürdet. Stress ist ein idealer Fluchtweg, der von allen Menschen anerkannt und manchmal sogar bewundert wird. Denn wer ständig unter Stress steht, der muss ja wohl erfolgreich, (weil so begehrt), sein.

Auf die richtige Dosierung kommt es auch beim Stress an. Es gibt den positiven Eustress, der uns anregt zu Aktivitäten, der uns gesund ermüden lässt, und es gibt den negativen Distress, der uns erschöpft. Und es gibt zu viel Stress!

Leicht gelingt es, durch selbst auferlegte und zu knapp bemessene Termine und durch zu viel Arbeit sich so in Trab zu halten, dass wir abends todmüde nur noch ins Bett sinken. Da bleibt dann gar keine Zeit für sich selbst, für Gedanken oder Gespräche, die längst fällig sind, weil der Partner so abweisend ist, die Kinder sich immer mehr zurückziehen. Doch das wollen wir ja so. Wir wissen nämlich, dass solche Gespräche anstrengend sind, dass möglicherweise unangenehme Punkte zur Sprache kommen, die Konsequenzen zur Folge haben könnte. Da ist uns der Stress doch lieber und wir betrachten ihn als das kleinere Übel!

So bleiben die Probleme so lange unbesprochen, bis vielleicht unsere ganze Konstruktion plötzlich wie ein Kartenhaus zusammenfällt. Aber nicht nur das - auch laufen wir uns selbst davon. Wer sich keine Zeit für sich selbst nimmt, der kann sich nicht weiterentwickeln, kann Gelerntes nicht umsetzen, kann seine Fähigkeiten auch nicht voll ausschöpfen.

Fortbildungsseminare sind begehrt und die meisten Menschen nehmen sich Zeit für die berufliche Weiterbildung.

Doch wie steht es denn mit unserer seelisch-geistigen Entwicklung? Warum ist hier die Zeit so rar? Äußerer Erfolg kann nur einhergehen mit innerem Wachstum. Nehmen Sie sich die Zeit für sich - für Ihre Seele und Sie werden die wunderbare Erfahrung machen, dass alles andere leichter und einfacher geht.

Die Zeit, die Sie für sich investieren, ist die beste Investition, die Sie überhaupt machen können. Sie werden sich selbst entdecken, werden Fähigkeiten finden können, die Ihnen neue Aspekte eröffnen, die Ihnen inneren Reichtum bescheren. Sie können Ihr gesamtes geistiges Potential erkennen und ausschöpfen, wenn Sie das möchten.

Entscheiden Sie sich für positiven Stress und für die Entdeckung Ihrer Persönlichkeit. Es ist dies eine Kombination, die Ihnen durchaus Überraschungen bieten kann. Besinnen Sie sich auf sich selbst, lassen Sie Ihre Vergangenheit an sich vorbeiziehen und beachten Sie dabei Ihre Empfindungen. Sie geben Aufschluss über Ihre innere Einstellung zu der jeweiligen Situation.

Wiederholen Sie dies öfters und notieren Sie dann die Bilder zusammen mit Ihren Gefühlen, die immer wieder auftauchen. Es kann sich hier um berufliche Vorgänge oder um familiäre Ereignisse handeln, um Hobbys, die Sie ausführen wollten, oder um spleenige Jugendideen. Schreiben Sie alles auf und überprüfen Sie diese Notizen mit Ihren Träumen, mit Ihren Gedanken und Ideen und dann vergleichen Sie die Bilder Ihres Unterbewusstseins mit der Realität.

Stellen Sie noch einmal über Fragen an Ihr Unterbewusstsein fest, welche Fähigkeiten Sie ausbauen sollten. Jeder Mensch ist mit enormen kreativen Talenten ausgestattet und leider ist ihm meist nur ein Bruchteil davon überhaupt bekannt. Gerade durch die Selbsterfahrung und die Möglichkeit, das kreative Potential in sich zu entdecken, können sowohl in beruflicher wie auch in privater Hinsicht neue Wege eingeschlagen werden.

Hubert Schauer, erfolgsorientierter Manager, hat es weit gebracht. In jahrelanger harter Arbeit hatte er sich eine gut gehende Werbeagentur aufgebaut. Obwohl jetzt die Aufträge schon von selbst kommen und er die nächsten Jahre mit Etats eingedeckt ist, kann er nicht aufhören - wie einst, als er in der Aufbaufphase es dringend nötig hatte -, jedem erfolgversprechenden Kunden nachzulaufen. Er hörte nicht auf den Rat seiner Frau und seiner Freunde, langsamer zu treten, sich mehr Zeit für sich zu nehmen und auch die schönen Dinge des Lebens zu genießen. Hubert Schauer konnte die ausgetretenen Pfade nicht verlassen. Erst als ihn sein Körper durch einen Kreislaufzusammenbruch zur Ruhe zwang, wurde ihm bewusst, WIE er lebte. Diese Ruhezeit war notwendig, um nicht zu sagen, lebensnotwendig, für ihn.

Im Krankenhaus konnte er plötzlich spüren, was ihm die Worte seiner Freunde nicht vermitteln hatten können: Wie dringend er die Zeit und die Ruhe für sich benötigte. Er erkannte, dass er sich zum Sklaven seiner Firma gemacht hatte, dass ihm dabei wesentliche Dinge des Lebens abhanden gekommen waren und dass er nur noch oberflächlich gelebt hatte. Dankbar nahm er diese Atempause für eine Neuorientierung wahr. Er lernte, sich zu entspannen und zu meditieren. Er konnte sein verlorenes Ich wieder finden und entschied sich, mit dem, was er sich erarbeitet hatte, zufrieden zu sein. Mehr Zeit wollte er seinen Fähigkeiten widmen, die er so vernachlässigt hatte.

Von Hubert Schauer hörten wir einige Jahre später - als Autor, dessen Buch sich auf den Bestsellerlisten nach oben bewegte. Als Thema hatte er übrigens Stress gewählt!

Entdecken auch Sie Ihre Fähigkeiten, indem Sie sich Ruhe gönnen und so der Kreativität freien Lauf lassen.

> »Muße, nicht Arbeit,
> ist das Ziel des Menschen.« *(Oscar Wilde)*

Stichworte für Ihre Suggestion:

- Ruhe durchströmt mich.
- Ich entscheide mich für die innere Erfüllung.
- Ich lasse los von den Äußerlichkeiten, besinne mich auf die inneren Werte.
- Ich lasse meine Träume frei.
- Ich erkenne noch schlummernde Fähigkeiten, die ich aktiviere.
- Ich freue mich auf die neuen Wege und Möglichkeiten.
- Ich bin frei und lasse alle Gedanken zu - nichts ist unmöglich!

Visuelle Bilder:

Sehen Sie sich bei den Tätigkeiten, die Sie ausfüllen - auch wenn Sie jetzt noch glauben, nicht die Voraussetzungen dafür zu haben. Warum sollten Sie nicht Ihre Bilder in einer Galerie ausstellen oder Ihre Karikaturen in der Zeitung sehen? Bedenken Sie: Nur Sie selbst setzen sich Grenzen, sonst niemand!

> »Nicht gestillt
> wird die Gier durch Geld,
> so wenig wie der Durst
> mit Salzwasser.« *(Ksemendra)*

4. Schön, schlank und attraktiv

Sie glauben vielleicht, dass dieses Kapitel den Damen gewidmet ist. Weit gefehlt! Auch der modernde Mann legt heute viel Wert auf seine äußere Erscheinung. Wobei wir unter Schönheit nicht etwa die Retortenschönheiten verstehen, sondern Menschen, die gepflegt sind und die durch ihre Ausstrahlung auffallen.

Auf den ersten Blick erregen natürlich die makellos Schönen große Aufmerksamkeit, doch auf Dauer wirkt nur die Persönlichkeit. Unser Ziel sollte es deshalb sein, uns anzunehmen - mit den kleinen Schwächen, mit denen wir behaftet sind - und unsere positiven Eigenschaften zu verstärken. Wer sich selbst mag, wer in sich ruht und Ruhe und Gelassenheit ausstrahlt, lachen und sich für andere öffnen kann, der wird überall auffallen, der wird selbst Freude am Leben haben und dieser Funke Lebensenergie springt auf die Gesprächspartner über.

Schönheit allein ist leer und auf Dauer fad - Aus-strahlung lebt, kommt von innen und erreicht die Umwelt.

Wie eingangs erwähnt, ist alles im Leben eine Frage der Einstellung und das trifft natürlich auch hier zu. Wer lernt, die schönen Dinge des Lebens zu sehen, der wird auch die eigene Schönheit erkennen können. Da sieht keiner mehr die vielleicht ein wenig zu lang geratene Nase und den Leberfleck am Hals. Vielmehr fallen die leuchtenden Augen auf, der lebendige Blick und die charmante Art und Weise. Wer seine Vorzüge kennt, kann auch seine weniger guten Partien eher annehmen. Wo Licht ist, ist auch Schatten. Doch wer den Lichtstrahl vergrößert und ihn in die entsprechenden Bahnen leitet, verkleinert automatisch den Schatten.

Betrachten Sie sich aufmerksam, schauen Sie sich kritisch im Spiegel an und dann machen Sie eine Bestandsaufnahme:

- Was mögen Sie an Ihrem Gesicht?
- Was mögen Sie an Ihrem Körper?
- Was gefällt Ihnen ganz besonders gut an Ihrer äußeren Erscheinung?
- Was würden Sie äußerlich an Ihrem Gesicht verändern, wenn Sie könnten?
- Und was an Ihrem Körper?
- Was können Sie verändern?
- Wollen Sie es verändern?
- Wie und wann?

Überlegen Sie, wie Sie die positiven Seiten durch Frisur, Kleidung etc. betonen und die von Ihnen weniger geliebten »Teile« möglicherweise kaschieren können. Oft sind es ganz kleine Tricks, die eine erstaunliche Wirkung haben. Aber eigentlich bräuchten Sie so etwas gar nicht, wenn es Ihnen aber hilft, sich anzunehmen, dann greifen Sie ruhig zu diesen kleinen Stützen. Haben Sie sich entschlossen, Ihre Haare länger zu tragen, dann planen Sie dies fest ein. Wollen Sie strammere Muskeln, so machen Sie sich ein Trainingsprogramm oder melden Sie sich in einer Sportschule an.

Wichtig ist, dass Sie Ihre Ideen auch in die Tat umsetzen, denn sonst erzeugen Sie vermeidbare Frustrationsgefühle und Schuldgefühle sich selbst gegenüber, weil die Faulheit wieder einmal Sieger war.

Nachdem wir nun alle äußeren Voraussetzungen geschaffen haben, wollen wir uns dem wesentlicheren Teil, der veränderten inneren Einstellung, zuwenden. Beruhigt können Sie sich jetzt sagen, dass Sie alles tun, um das Bestmögliche aus Ihrem Äußeren zu machen. Sie brauchen also hierfür nun keinerlei Energie mehr einsetzen. Sie können loslassen von solchen Gedanken und sich Ihrem Inneren widmen. Sie wissen, dass Sie gut aussehen, dass Sie viele positive Eigenschaften haben, und Sie wissen vor allem auch, dass Sie ein Mensch sind, der neue Wege sieht und sie auch geht, der sich entwickelt und dessen Entwicklung wiederum äußerlich sichtbar wird. Ihre Gelassenheit macht Ihre Gesichtszüge entspannt. Sie werden durch die Arbeit an sich immer aktiv sein, das wird Ihr wacher Blick verraten und werden Ihre positiven Schwingungen fühlbar machen. Beginnen Sie jeden Tag mit einem Kompliment an sich selbst, z.B. »Ich bin schön, attraktiv und dynamisch«.

Stichworte für Ihre Suggestion:

- Ich sage JA zu mir.
- Ich nehme mich an.
- Ich erkenne und liebe meine positiven Punkte.
- Ich strahle Schönheit aus.
- Ich bin ein Magnet, der Schönes und Gutes anzieht.
- Ich liebe mich, so wie ich bin.

Visuelle Bilder:
Sehen Sie sich in Ihrer Wunschvorstellung, z.B. als Mittelpunkt bei einem Fest, als Mann, nach dem sich die Frauen umdrehen, oder sehen Sie sich in den Augen anderer wieder: Lassen Sie die Bewunderung auf sich wirken!

Schlank

Wie sehr wir von äußeren Einflüssen geprägt sind, erkennen wir an den Idealvorstellungen, die irgendjemand aufstellt - im Bereich der Mode ist dies jede Saison sichtbar. Heute sind die Farben Blau und Lila modern, doch schon ein paar Monate später ist das alles »out« - jetzt trägt MAN Türkis!
Die meisten Menschen sind bestrebt, diesem Ideal zu entsprechen, denn wer möchte schon unmodern sein?! Auch die »Körperfülle« unterliegt diesen Regeln. Erinnern wird uns: Einst galt es als erstrebenswert, Formen wie Marylin Monroe zu haben, dann kam die flache Twiggy. Im Lauf der Zeit hat sich das Twiggy-Ideal ein wenig den normaleren Proportionen eines Menschen angepasst, aber der Tenor »schlank und rank« blieb.

Es gibt Hunderte von Gewichtsskalen, die das Idealgewicht aufzeigen, Maßtabellen für die Ideal-Maße und Hunderte von mehr oder weniger ungesunden Diäten, um diese Ideale zu erreichen. Für manche Menschen ist der Kampf mit den Pfunden schon zum Lebensinhalt geworden. Ihr Leben wird von der Waage bestimmt: Mit jedem abgenommenen Pfund geht das Stimmungsbarometer nach oben. Doch irgendwann macht der Körper dieses Spiel nicht mehr mit. Der Zeiger der Waage bleibt stehen und die Stimmung sinkt.

Wer aus diesem Teufelskreis aussteigen will, kann das jederzeit tun. Notwendig dazu ist Gedankenarbeit, Disziplin und Geduld.

Carolin Wallner, eine gut aussehende Frau in den besten Jahren, kämpfte schon seit der Pubertät mit ihrem vermeintlichen Übergewicht. Ihre Schwester, die selbst nicht dünner als Carolin war, verschaffte ihr den Spitznamen Pummelchen. Schon damals fühlte Frau Wallner sich nicht wohl in ihrer Haut, sie empfand sich als dick, was sie mit hässlich gleichsetzte.

In der Tanzstunde hatte sie sehr viel Erfolg bei den jungen Männern - sie konnte sich das gar nicht erklären, sah sie sich doch als das hässliche Pummelchen. Sie heiratete einen gut aussehenden Mann, bekam zwei Kinder und war - bis auf ihre Figur - mit ihrem Leben zufrieden. Immer wieder probierte sie Diäten aus. Es folgten kurze Phasen, in denen sie versuchte, ihre Pfunde zu akzeptieren. So gingen die Jahre dahin.

Und im Lauf der Zeit begann sie dann aus lauter Frust über ihre Misserfolge tatsächlich mehr zu essen und erfüllte die Vorstellung, die ihrem Unterbewusstsein schon so lange eingegeben wurde: Sie war nun das Pummelchen, das Ziel war erreicht, die Suggestionen hatten gewirkt!

In ausführlichen Gesprächen gelang es uns, Carolin Wallner bewusst zu machen, dass sie ihr Problem selbst geschaffen und dann über Jahre hinweg gepflegt hatte. Carolin machte eine »Bestandsaufnahme« mit dem Resultat, dass sie 5 kg abnehmen müsste, um sich wohl fühlen und sich akzeptieren zu können.

Mit gezielten Suggestionen, mit denen sie die Pummelchen-Programmierung auflöste und gleichzeitig ihr Selbstbewusstsein vertiefte, konnte sie anfangen, einen Veränderungsprozess einzuleiten. Sie konnte loslassen von den krampfhaften Gedanken an ihre Figur, lernte nach ihren persönlichen Bedürfnissen das zu essen, was sie brauchte, was ihr gut tat und was und so viel, wie ihr schmeckte.

Monate später hörten wir von ihr, dass es ihr blendend gehe, dass sie sich eine gute Figur erarbeitet habe und dass ihr das Leben wieder so richtig Spaß mache.

Auch Sie können sich lösen von den ständigen Gedanken an das Essen, an Diäten und so genannte Idealfiguren. Werden Sie frei, nehmen Sie sich die Freiheit, so zu sein, wie Sie sind. Nicht umsonst heißt es auch »mollig ist drollig« und »rund ist gesund«. Finden Sie sich nach einer kritischen Bestandsaufnahme wirklich zu dick, dann ist das kein lebenslanges Problem.

Ihr Unterbewusstsein ist für Sie da, damit Sie Ihre Ziele erreichen. Setzen Sie sich einen Zielpunkt, d.h. ein bestimmtes Gewicht oder eine angestrebte Kleidergröße. Stellen Sie sich vor, wie Ihre Waage Ihnen das Wunschgewicht angibt, wie Sie in den Anzug Ihrer Wunschgröße schlüpfen. Sprechen Sie mit Ihrem Unterbewusstsein, sagen Sie ihm, was Sie wollen.

Stichworte für Ihre Suggestion:

- Ich bin schön und schlank.
- Ich esse so viel, wie ich benötige.
- Ich liebe das Leben.
- Ich nehme meinen Körper an.
- Ich schaffe meine Ideale selbst und setze sie um.

Visuelle Bilder:

Sehen Sie sich mit der Idealfigur im Bikini oder in der Badehose oder in einer eleganten Kleidung.

Es gibt natürlich auch die so genannten Frust-Übergewichtigen. Dabei handelt es sich um Menschen, die ihre Probleme durch übermäßiges Essen kompensieren. Diese Art Übergewicht kann nur über eine Problemlösung abgebaut werden.

Wer im Beruf unzufrieden ist, wer Liebeskummer hat oder an Existenzängsten leidet, der kann dazu neigen, mehr zu essen. Erst fängt man damit an, weil Essen die Nerven beruhigt, später wird es zur Gewohnheit und plötzlich hat man zusätzlich zu den ursprünglichen Problemen noch Gewichtsprobleme. Und dann hat man schließlich das Recht, wirklich unzufrieden zu sein. Fragen Sie sich ernsthaft, wodurch Ihr Gewichtsproblem ausgelöst wurde. Wann begann es, warum haben Sie damals zugenommen, warum essen Sie heute zu viel? Wenn Sie nicht die Ursachen abbauen, kann weder eine Suggestion, die nur auf das Essen abgestimmt ist, noch eine Diät Ihr Gewicht regulieren. Erst muss immer die Basis geschaffen werden - und das ist die Problemlösung - und dann erst kommt das Gewicht.

5. Frei von Abhängigkeiten

Jede Abhängigkeit - sei das nun Alkohol, Nikotin oder Drogen oder aber auch Essen (s. o.) - hat einen seelischen Auslöser. Beginn einer solchen Abhängigkeit ist oftmals die Flucht vor Problemen.

Wer glaubt, ein Problem nicht lösen zu können, der trinkt schon einmal ein Gläschen mehr. Durch die Wirkung des Alkohols erscheinen die Dinge viel einfacher (und mit der Realität werden wir ja erst wieder am nächsten Morgen konfrontiert). Wer vor lauter Nervosität nicht ruhig sitzen kann, der tut sich leichter, wenn er wenigstens seine Hände beschäftigt, und was ist dazu besser geeignet als eine Zigarette? Der Drogenkonsum hat vielerlei Ursachen: die Neugierde, die Angabe, die Flucht vor der Realität, nicht als Außenseiter gelten wollen - und zum Schluss die körperlich-seelische Abhängigkeit.

Auch die Abhängigkeit von Menschen wollen wir nicht auslassen. Es gibt dafür viele Gründe: Angst vor Verlust, vor Einsamkeit, mangelndes Selbstvertrauen, Unsicherheit, Liebe - oder das, was dafür gehalten wird - sexuelle Hörigkeit.

Gemeinsamer Faktor für alle Arten der Abhängigkeit ist Schwäche, gepaart mit der Unfähigkeit, sein Leben eigenverantwortlich zu gestalten. Auch wenn viele Menschen in diese Abhängigkeiten unbewusst und ungewollt „hineinschlittern“, so haben sie zumindest durch ihre Passivität die Abhängigkeit verursacht.

Wer schließlich süchtig geworden ist, der braucht wesentlich mehr Kraft, sich von dieser Sucht zu lösen, als notwendig ist, eine Sucht zu vermeiden. Es werden innere Prozesse in Gang gesetzt, die körperlich-seelische Abhängigkeiten - im schlimmsten Fall sogar bis zur körperlichen Zerstörung - auslösen können.

Im Vordergrund einer »Sucht-Behandlung« steht immer das Wissen um den Sucht-Faktor, also um den Auslöser der Abhängigkeit, sowie die Arbeit an diesem Problem. Hand in Hand damit geht die Auflösung der Abhängigkeit von Nikotin, Alkohol oder Drogen.

Im Gegensatz zu allen anderen Suggestionen basiert die Wirksamkeit der Selbsthypnose in diesem Fall auf einer Negativ-Formulierung. Die Suggestion verursacht in uns einen Widerwillen gegen das suchtauslösende Genussmittel. Wir stellen uns damit innerlich darauf ein, dass uns beispielsweise das Rauchen nicht gut tut.

Franz Kelster war ein trauriger Fall. Er hatte buchstäblich sein Vermögen in Alkohol umgesetzt. Er war Maler, jung, dynamisch, fleißig, baute sich mit Elan ein eigenes Geschäft auf und konnte Mitarbeiter einstellen. Der Erfolg stieg ihm wohl etwas in den Kopf, denn nach und nach verlagerte er seine Aktivitäten von der Arbeit auf die Freizeit, die sich vornehmlich in Kneipen abspielte.

Im Kreis von Zechkumpanen wurde sehr viel getrunken und derjenige, der eine Flasche Whisky ausgab, stand hoch im Kurs. Franz Kelster gefiel das, zeigte es ihm doch deutlich, dass er ein toller Kerl war, der es sich leisten konnte, oftmals eine Runde auszugeben.

Am nächsten Morgen fiel das Aufstehen schwer und mit einem verkaterten Geist tat er sich hart, mit seinen Kunden wie auch mit seinen Leuten umzugehen. Es erschien ihm alles so schwierig mit diesen Menschen, die so nüchtern waren.

Langsam, aber beständig gingen die Geschäfte schlechter, dafür stieg der Alkoholkonsum. Es war dann alles leichter zu ertragen und immerhin befand er sich in lustiger Gesellschaft. An dem Tag, als der letzte Mitarbeiter, der ihm noch geblieben war, nicht mehr beschäftigt werden konnte, weil es keinen Auftrag mehr gab, kam für ihn die große Ernüchterung. Er stand vor dem Bankrott.

Entsetzt, deprimiert und voller Schuldgefühle, aber auch ohne jegliche Energie erschien er bei uns. Ein Häufchen Elend, das sich vor unserem Treffen Mut angetrunken hatte. Immerhin war Franz Kelster entschlossen, seinem Leben einen neuen Sinn zu geben, und suchte bei uns Hilfe und Anregung. Wir erarbeiteten mit ihm zusammen eine Formel, die ihm die Freude am Alkohol regelrecht »vergällte«: »Wenn ich Alkohol sehe, empfinde ich tiefe Abneigung. Ich kann keinen Tropfen Alkohol trinken, ohne Übelkeit zu verspüren.« Er wurde »trocken«, entwickelte wieder Lebensenergie und fing an, sein Geschäft wieder aufzubauen.

Stichworte für Ihre Suggestion:

- Ich bin frei von jeder Abhängigkeit.
- Ich fühle Übelkeit bei dem Anblick von Zigaretten etc.
- Es wird mir übel bei dem Genuss von Alkohol.
- Ich erkenne, dass Freiheit nur durch mich geschaffen werden kann.
- Ich nehme mein Leben in meine Hände.

Visuelle Bilder:

Alles, was Sie mit dem Begriff Freiheit verbinden, z.B. an Deck eines Schiffes, der weite Blick über den Ozean: nur Wasser und Himmel.

»Lerne die wahre Freude
kennen und du wirst
Gott kennen lernen.« *(Sri Aurobindo)*

Bei der Abhängigkeit von Drogen ist es oft notwendig, erst oder gleichzeitig einen körperlichen Entzug zu machen. Scheuen Sie sich nicht, die Hilfe eines Fachmannes oder einer Organisation in Anspruch zu nehmen. Wenn Sie sich für Ihre Freiheit entschieden haben, dann zögern Sie nicht, den nächsten Schritt zu machen und Ihre Entscheidung zu realisieren.

6. Sich öffnen für Liebe und Partnerschaft

Mangelnde Liebe, ständige Streitereien mit dem Partner oder das Gefühl, nicht geliebt zu werden, haben die vielfältigsten Ausdrucksweisen: Aggression, schlechte Laune, Niedergeschlagenheit und Krankheit. Der eine ist immer auf der Suche nach Liebe, treibt sich in den Bars herum, der andere lässt seinen Frust über den verständnislosen Partner in der Firma an den Kollegen aus und der dritte wird bei jedem Streit gleich handgreiflich. All das ist nicht notwendig.

Wer sich selbst liebt, wer den anderen annehmen kann, so wie er ist, der kennt solche Situationen nicht. Er wird Harmonie, Liebe und Ausgeglichenheit ausstrahlen. Wenn Sie mit gebrochenem Herzen dies lesen, dann werden Sie verständnislos fragen - wie ist das denn nur möglich? Warum passiert mir das nicht? Warum treffe ich nie den richtigen Partner?

Für jeden gibt es den richtigen Partner, für jeden ist eine harmonische Beziehung möglich und jeder kann Liebe und Glück finden. Allerdings nicht in erster Linie in einem anderen Menschen, sondern zuerst einmal in sich selbst.

Kennen Sie jemanden, der sich selbst nicht mag, aber von anderen geliebt wird? Warum haben manche Menschen so viele Freunde und andere gar keine? Wer in sich ruht, wer auf sich vertraut, wer sich selbst annimmt und mag, der kann sich von innen her öffnen für den anderen. Er ist nicht mehr nur mit sich beschäftigt, braucht nicht den Partner, um sein Ego aufzubauen, um sich das Gefühl zu geben, jemand zu sein.

Wirklich glückliche Beziehungen finden Sie nur bei Menschen, die ihre Mitte gefunden haben, die frei sind - das ist die Basis für wirkliche Liebe.

Ein solches Fundament wird durch Meinungsverschiedenheiten und Streitigkeiten, die immer vorkommen und die für den Inhalt einer Beziehung sogar notwendig sind, nicht belastet. JA zu SICH - das bedeutet nicht Egoismus, sondern gesunde Basis für ein gesundes, glückliches Leben in Liebe und Harmonie. JA zu sich und zu seinem Körper ist eine Grundvoraussetzung für ein erfülltes Liebesleben im seelischen und körperlichen Bereich.

Die 32-jährige Helga Glaser geriet in Torschlusspanik. Gerade hatte die letzte ihrer Freundinnen geheiratet und sie blieb als Einzige in dem Kreis als Single zurück. Sie fühlte sich ausgestoßen, doch schlimmer war, dass sie sich minderwertig fühlte. Sie quälte sich mit destruktiven Gedanken: ob sie hässlich, dumm oder uncharmant oder vielleicht sogar alles zusammen sei. Es machte ihr keinen Spaß mehr auszugehen. Sie hatte keine Freude am Flirten.

Ihre ganzen Bemühungen der letzten Jahre auf diesem Gebiet hatten ja sowieso keinen Erfolg - sprich keinen Mann - gebracht. Alle Affären, die sie hatte, waren nach einigen Wochen beendet. Nie war es der Richtige! Jeder Mann, den sie kennen lernte, wurde sofort auf seine Fähigkeit als künftiger Ehemann getestet. Und sie hatte genaue Vorstellung von ihrem »Künftigen«, wusste exakt, welche inneren und äußeren Vorzüge er besitzen sollte.

Helga merkte gar nicht, dass sie durch ihre Fixierung sich selbst im Weg stand. An diesem Tiefpunkt in ihrem Leben angekommen, befasste sie sich mit ihrem Problem, versuchte aus ihrer verzweifelten Einsamkeit herauszukommen. Es wurde ihr bewusst, dass sie sich durch ihre Einstellung und ihr Verhalten überhaupt keine Chance gab, einen Partner zu finden. Sie beschloss, ihr Leben zu ändern, sich andere Perspektiven zu erarbeiten und sich zuerst einmal auf sich selbst zu besinnen.

Nach zwei Jahren erhielten wir eine Einladung zur Hochzeit und trafen eine strahlende Braut an. Helga hatte damals aufgehört zu suchen, hatte durch die Selbsthypnose sich entdeckt, konnte sich von ihren Zweifeln befreien, sich öffnen für andere Menschen. Sie war nicht mehr eingeengt in eine feste Vorstellung von einem Ideal-Partner. Sie konnte Männern, denen sie begegnete, ohne eine bestimmte (Heirats-)Absicht offen gegenübertreten und sie in aller Ruhe kennen lernen. Und so traf sie auch ihren Mann. Sie kannte ihn schon eine ganze Weile, als sich die Liebe zwischen den beiden zu entwickeln begann.

Stichworte für Ihre Suggestion:

- In mir fühle ich Liebe zu mir und den Menschen, die mir nahe stehen.
- Ich liebe mich.
- Ich öffne mein Herz für den idealen Partner.
- Ich nehme den anderen an, so wie er ist.
- Ich bin Frieden und schaffe eine friedliche Atmosphäre.
- Ich liebe meinen Partner und zeige ihm/ihr meine Gefühle.

Visuelle Bilder:
Zusammen mit einem geliebten Menschen eine schöne Stimmung erleben (Sonnenuntergang). Die Nähe des anderen spüren, ein festliches Essen zu zweit.

Störungen im Sexualleben zeigen immer seelische Störungen an. Unsicherheit, sich dem anderen in körperlicher Hinsicht zu öffnen, eine streng moralische Erziehung und Schuldgefühle können zu körperlichen Blockierungen werden. Das gilt sowohl für den Mann wie für die Frau, ist jedoch kein Grund zur Verzweiflung. Befragen Sie Ihr Unterbewusstsein, tasten Sie sich zu den wahren Gründen vor und Sie werden das große Glück erfahren können, körperliche Liebe zu genießen.

> »Liebe besitzt nicht
> und lässt nicht besitzen;
> denn Liebe genügt der Liebe.« *(Khalil Gibran)*

7. Lebensfreude

Lebensfreude ist die Freude am Leben. Die Freude daran, dass man den Tag erleben kann in froher Erwartung auf alles, was er mit sich bringt. Es ist die Freude, seine Existenz bewusst zu spüren, und das Bedürfnis, jede Sekunde dieses Lebens mit positiven Inhalten zu füllen. Wem es gelingt, diese Freude zu verspüren, dem kann eigentlich nichts misslingen.

Wer Freude am Leben hat, der schafft einfach alles. Wer sich auf seine täglichen Aufgaben freut, erledigt sie gut und schnell. Wer missmutig an den nächsten Tag denkt, dem geht die Arbeit natürlich nicht von der Hand.

Falls Sie diese Freude am Dasein noch nicht erfahren haben, dann haben Sie jetzt Gelegenheit, dieses Versäumnis nachzuholen. Begrüßen Sie den Tag, wenn Sie aufwachen, lassen Sie im Geist den Tagesablauf mit all seinen positiven Aspekten an sich vorbeiziehen. Sehen Sie das Positive beim Aufstehen.

Nehmen wir z.B. das Wetter: Wenn die Sonne scheint, können Sie in der Mittagspause einen Spaziergang machen oder wenn es regnet, dann können Sie vielleicht besser arbeiten oder aber Sie brauchen die Blumen auf dem Balkon nicht zu gießen. Freuen Sie sich darauf, dass Sie einer Arbeit nachgehen können und dürfen (es gibt viele Arbeitslose) oder dass Sie nicht arbeiten müssen, weil Sie Urlaub haben.

Doch auch wenn Sie zu den Arbeitslosen gehören oder wenn Sie krank sind, sollten Sie versuchen, eine positive Betrachtungsweise zu finden: Krankheit sagt etwas aus über Ihre Seele, über Ihre Lebenssituation und sie erlaubt Ihnen eine Pause, in der Sie Veränderungen herbeiführen können. Arbeitslosigkeit gibt Ihnen ebenso Aufschluss über Ihre Situation: Haben Sie überhaupt den richtigen Beruf, suchen Sie in der richtigen Richtung, streben Sie eine Arbeit an, die Ihren Fähigkeiten entspricht?

Es gibt unzählige Möglichkeiten, ganz neue Gedanken zuzulassen, wenn Sie sich Zeit dafür nehmen.

Schulen Sie Ihren Blick für all die Dinge, die Ihnen Freude machen können. Es gibt davon viel mehr, als Sie glauben. Doch freuen können Sie sich erst, wenn Sie diese Momente erkennen. Hören Sie die Melodien, die die Amseln morgens pfeifen, oder sehen Sie, wie beschwingt die Schmetterlinge von Blüte zu Blüte flattern. Bemerken Sie das Lächeln des Nachbarskindes überhaupt?

Bevor Sie ins Bett gehen, verabschieden Sie sich von dem Tag, indem Sie noch einmal die schönen Augenblicke in Ihr Gedächtnis rufen. Wenn Sie die positiven Impulse erkennen und aufnehmen, in sich wirken lassen, dann werden Sie die Freude am Leben in sich wachsen fühlen. Diese Freude am Dasein wird Sie im Lauf der Zeit beflügeln und zu immer neuen Ideen inspirieren. Ihre positive Kraft wächst mit der Lebensfreude. Probieren Sie es aus!

Die Lebenseinstellung von Bert Schreibman war so grau wie sein Äußeres. Farblos, ohne Dynamik, ohne Charme und ohne Freundlichkeit schleppte er sich durch die Tage. Alles war eine Last für ihn - die Familie, die Arbeit, ja sogar die Freizeit. Er ging seiner Familie durch sein Desinteresse, seine Mürrischkeit - kurz durch seine negative Ausstrahlung - so auf die Nerven, dass im Familienrat beschlossen wurde, ihm zum Geburtstag ein Seminar zu schenken.

Bert Schreibman war entrüstet, erschien aber dann doch pünktlich, wenngleich mit abweisender Miene. Er gab uns zu verstehen, dass er die Tage nur absitzen werde, damit er seiner Familie beweisen könne, dass sich nichts ändern würde. Bei der Abreise nach dem Seminar sahen wir einen Mann unser Haus verlassen, der in aufrechter Haltung mit festem Schritt sich zielstrebig auf den Heimweg machte. Sein Gesicht war erhellt, als er sich mit den Worten verabschiedete: »Eigentlich kann ich es noch nicht so ganz fassen, aber es ist etwas mit mir, in mir geschehen und ich muss zugeben, es ist ein angenehmes Gefühl, Ziele zu haben, sich wieder freuen zu können. Und jetzt freue ich mich auf meine Familie, auf die überraschten Gesichter, wenn ich so fröhlich nach Hause komme.«

Stichworte für Ihre Suggestion:

- Ich begrüße jeden Tag mit Freude.
- Ich danke für alle schönen Momente, die ich erleben darf.
- Ich freue mich auf jeden Augenblick.
- Ich bin Lebensfreude, positive Energie und Liebe.

Visuelle Bilder:
Alles, was strahlt, was Freude macht - sei das der Blick vom Berg ins Tal, die glitzernden Lichter einer nächtlichen Stadt, das freundliche Lächeln der Menschen.

> »Freude beruht auf dem frohen Glauben,
> dass das Gute überwiegt.« *(Helen Keller)*

8. Selbstbewusstsein

Selbstbewusstsein bedeutet, sich seiner selbst bewusst zu sein.

Um das zu erreichen, sollten Sie sich kennen lernen, denn erst dann können Sie sich bewusst annehmen. Sie stellen fest, dass Sie das eine oder andere noch verändern möchten (siehe: Fragen zu Ihren Zielen auf Seite 32).

Andererseits können Sie zu manchen Eigenschaften bewusster stehen und sagen »SO bin ich«. Vergleichen Sie dies mit den Fragen zu den positiven Anlagen und Eigenschaften auf Seite 69.

Die Meinung, die Sie von sich, die Einstellung, die Sie zu sich haben, spiegelt sich in der äußeren Haltung wider - jeder kann bei genauer Betrachtung am Gang, an der Körperhaltung, an den Bewegungen sehen, ob jemand selbstbewusst ist. Ein selbstbewusster Mensch kennt sich, er weiß, wer er ist und was er will. Er kann deshalb in jeder Situation besser agieren und reagieren, weil er die Sicherheit aus sich selbst schöpft und dazu weder andere Menschen noch irgendwelche Hilfsmittel, wie z.B. Geld, einen bekannten Namen oder dergleichen benötigt. Und wenn nicht alles gelingt, dann bringt ihn das nicht aus der Fassung. Kraft und Ideen kommen aus ihm selbst, er kann auf seine Erfahrungen bauen und lebt in dem sicheren Bewusstsein, dass es immer eine positive Lösung gibt, die sich mit einer positiven Einstellung noch schneller finden lässt.

Selbstbewusstsein geht einher mit Selbstvertrauen, dem Vertrauen auf den großen Freund - das Unterbewusstsein – das, angeschlossen an das kollektive Bewusstsein, immer und für alles eine Lösung anbietet, immer da und immer einsatzbereit ist.

Mit einem ausgeprägten Selbstbewusstsein werden Sie Dinge erreichen können, von denen andere nicht einmal zu träumen wagen. Stärken Sie dieses Vertrauen in sich und vergessen Sie dabei nicht, Ihrem Unterbewusstsein zu danken für die Hilfe und die Kraft, die Sie von ihm erhalten.

Heribert Zaumerer fühlte sich unbedeutend. Wie sollte er sich auch wichtig fühlen, wenn sein ganzes Bestreben dahin zielte, nur ja nicht aufzufallen. Wie oft schon hatte er Lösungen für den Finanzplan parat, doch wollte er nicht die Aufmerksamkeit auf sich lenken. Er wusste, dass er einen roten Kopf bekommt, sobald er vor mehr als zwei Menschen reden sollte. Und zu allem Unglück fing er immer zu stottern an, wenn sein Chef ihm vor versammelter Runde eine Frage stellte.

Nein, Heribert wollte auf keinen Fall seine Gedanken preisgeben. Lieber blieb er auf der Karriereleiter ganz unten, obwohl er das Wissen eines Profis hatte! Ausgerechnet in die Tochter des Firmeninhabers musste er sich verlieben! Und auch das junge Mädchen war ihm zugeneigt. Heribert steuerte auf eine Krise zu: Seine Freundin bemerkte seine Fähigkeiten und versuchte, ihn zu animieren, aus sich herauszugehen. Sie schenkte ihm eine Subliminalkassette - und ein kleines Wunder geschah. Bei einer wichtigen Besprechung, bei der es um eine entscheidende Firmeninvestition ging, stand Heribert auf und erläuterte seinen Plan. Er ließ sich nicht einmal von den erstaunten Gesichtern abhalten, eine ausgefallene Idee anzubieten. Heute ist er Direktor dieser Firma und man spricht mit Anerkennung und Bewunderung von ihm, wobei manchmal der Satz von der wunderbaren Wandlung fällt.

Stichworte für Ihre Suggestion:

- Ich nehme meine Fähigkeiten an.
- Ich lebe aus meiner schöpferischen Kraft.
- Ich bin mir meiner selbst bewusst.
- Ich kenne meine Talente.
- Ich lebe mein Leben nach meinen Wünschen.
- Ich weiß, was ich will, und ich erreiche mein Ziel.

Visuelle Bilder:
Am Ziel Ihrer Wünsche - auf dem Berggipfel; als dynamischer, fröhlicher Mensch in einer Runde; als starke Eiche.

> »Verwandle große
> Schwierigkeiten in kleine
> und kleine in gar keine.« *(Chinesische Weisheit)*

Die folgenden Suggestionstexte werden Ihnen helfen, aus den großen Problemen kleine Sorgen zu machen und kleine Sorgen dann aufzulösen. So werden Sie Ihre Wünsche realisieren können, werden Ihr Leben positiv einrichten und die Früchte Ihrer Arbeit ernten können.

IV. SUGGESTIONSTEXTE

Wir geben Ihnen hier je einen Vorschlag zu den einzelnen Themen, die wir besprochen haben. Sie können die jeweiligen Formeln abändern, können Teile davon verwenden oder auch aus den verschiedenen Suggestionen eine ganz neue zusammenstellen.

Wenn Sie sich Ihre persönlichen Affirmationen erarbeiten, dann achten Sie ganz besonders darauf, dass Sie die richtigen Worte verwenden. Lesen Sie in den einzelnen Kapitel noch einmal nach, was Sie bedenken sollten. Vergessen Sie nicht, dass Ihr Unterbewusstsein alles im wahrsten Sinn des Wortes WÖRTLICH nimmt.

1. Das Glück in uns selbst - Aktivierung positiver Anlagen

• Ich bin auf dem Weg zu mir, zu meiner Mitte, meinem höheren Selbst.

• Jeden Tag mache ich neue Entdeckungen, komme einen Schritt weiter - näher an mein Ziel.

• Ich bin dankbar für alle Erkenntnisse, die ich sammeln darf, denn sie sind die Mosaiksteine, aus denen sich meine Persönlichkeit zusammensetzt.

• Ich lasse los von äußeren Dingen, richte meinen Blick auf die wesentlichen Werte des Lebens - auf das Bleibende, das Immerwährende, das Unendliche.

• Ich sehe die positiven Aspekte in jeder Situation, nutze jede Chance, die sich mir bietet, Positives zu realisieren.

• Jede Minute erlebe ich bewusst und erfülle sie mit positiven Impulsen. Auch nutze ich meine Fähigkeiten, die mir übertragenen Aufgaben anzunehmen und optimal zu erfüllen. Tief in mir liegt alles, was ich dazu benötige.

• Ich vertraue auf meine innere Stimme, auf die Energie, die in mir angelegt ist, und auf die Weisheit meines Unterbewusstseins, das mir in jeder Lage hilft, das Richtige zu tun.

• Mit großer Freude stelle ich fest, dass ich wertvolle Anlagen in mir habe, die mir in beruflicher und in privater Hinsicht viele neue Möglichkeiten eröffnen, die mich befähigen, mich ganz nach meinen inneren Bedürfnissen zu entfalten. Zufriedenheit breitet sich in mir aus und meine Ausstrahlung wirkt auf meine Umwelt.

• Ich bin der ruhende Pol, die starke Kraft, das strahlende Glück.

• Ich finde Ruhe in mir, lerne mein wahres Selbst kennen und spüre, wie das Glück, hier und jetzt zu leben, diesen Augenblick bewusst erfahren zu dürfen, mich durchströmt.

• Ich koste diesen wunderbaren Moment aus, werde von Kraft erfüllt und gehe mit Freude und Elan in alle Situationen.

• Die Liebe, die in mir wohnt, die Lebensfreude, die ich habe, die Lust zu leben, zu lachen und jede Sekunde auszukosten, beflügeln mich, lassen mich lächelnd jeden Tag beginnen und mit Dankbarkeit beenden.

• Ich bin Liebe, Glück und Harmonie - ich liebe das Leben, vertraue auf meine positiven Anlagen und lasse mich von meinem großen Freund, dem Unterbewusstsein, lenken, leiten und beschützen. Alles, was geschieht, ist gut und richtig.

• Ich sage JA zu mir, zum Glück in mir - JA zu einem erfüllten Leben.

2. Aktivierung der Selbstheilungskräfte

- Bei körperlichen Problemen

• Ich entscheide mich für Gesundheit, spüre, wie meine Selbstheilungskräfte aktiv und wirksam sind, wie ich mich von Tag zu Tag besser fühle.

• Ich lebe im Hier und Jetzt, lasse die Vergangenheit in Liebe los, genieße das Dasein und freue mich über jede Sekunde, die das Leben mir schenkt.

• Ich nehme meine Situation an und lerne zu erkennen und zu verstehen, dass sie notwendig und gut für mich ist. Neue Perspektiven eröffnen sich mir, machen das Leben lebenswert.

• Ich kann die Aufgabe erkennen, die mir zugewiesen ist. Dadurch finde ich in mir selbst neue, ungeahnte Fähigkeiten, die es mir ermöglichen, alle Situationen zu meinen Gunsten zu wenden. Es ist mir bewusst, dass ich allein durch meine Einstellung zu mir und zu meinem Leben darüber entscheide, dass ich mich gut fühle.

• Von Tag zu Tag geht es mir besser, ich bin leicht und schwerelos, bin in Einklang mit mir selbst.

• Meine Gelenke sind frei beweglich und elastisch (mein Kopf ist frei / mein Herz schlägt ruhig und gleichmäßig / ich habe einen ruhigen, natürlichen und erholsamen Schlaf).

• Ich weiß, dass es mir jeden Tag besser geht. Auf diesem Erfolg baue ich auf und gehe mit dem Bewusstsein, dass jeder neue Tag mir wieder ein Erfolgserlebnis beschert, in die Zukunft. Ich bin von Dankbarkeit für diese Entwicklung erfüllt.

• Ruhe, Stille und Harmonie sind die Ausgangsbasis für eine positive Entwicklung und die Stärkung meiner Gesundheit.

Alternative:

• Ich lasse los von allen Gedanken - sie fliegen wie kleine weiße Wolken am blauen Himmel dahin.

• Ich sehe, wie sie sich entfernen und wie ich frei und leicht und durchlässig werde. Meine Gedanken sind frei, mein Kopf ist klar und meine Seele wird von tiefem Frieden durchströmt.

• Ich bin im Einklang mit der Natur, ich ruhe in meiner Mitte und fühle meine eigene Kraft, aus der meine Gesundheit erwächst. Diese Kraft erfüllt meinen Körper wie ein angenehmer, warmer Lichtstrahl.

• Mit jedem Atemzug, den ich mache, atme ich Ruhe, Harmonie und Kraft ein - alles, was mich belastet, verlässt meinen Körper und meine Seele, wenn ich ausatme. Ich atme mich tiefer und tiefer in mich selbst, in Gesundheit und inneren Frieden. Jede Zelle meines Körpers nimmt teil an meinem Gesundungsprozess.

• Ich vertraue auf meine Kraft.

- Bei seelischen Problemen

• Ich lasse los von allem. Positives erfüllt mich. Freiheit, Zuversicht und Freude wachsen in mir.

• Ich spüre meine positive Energie, sehe ein helles Licht, das mir meinen Weg zeigt, das mich lenkt und leitet.

• Ich lasse mich fallen und weiß, dass ich aufgefangen werde, dass mein Überbewusstsein mein wahres Selbst ist.

• Ich ruhe in dieser Geborgenheit, tanke Kraft und meistere gelassen alle Situationen.

• Neue Aufgaben sind eine Herausforderung für mich, die ich gerne annehme. Ich weiß, dass ich alles kann und dass meine innere Stimme mir sagt, was gut und richtig für mich ist.

• Ich lerne mich kennen, indem ich mich in mich selbst versenke. Dadurch bin ich mir über meine Wünsche und meine Talente im Klaren und ich sehe mein Ziel vor mir.

• Ich freue mich auf diesen neuen Weg, den ich jetzt erkenne. Mir ist bewusst, dass jedes Ende einen neuen Anfang beinhaltet, und ich bin voller Neugierde und Freude auf die Menschen und Situationen, die auf mich warten.

• Ich bin bereit, bin voller Elan und bin davon überzeugt, dass ich immer der Gewinner bin, denn ich habe einen großen Schatz in mir: meine positiven Anlagen, meine Lebensfreude und meine Offenheit für alles Neue und Schöne.

• Alles, was ich in mir habe, verschenke ich gern und ich weiß, dass alles zu mir zurückkehrt.

• Liebe, die ich gebe, erhalte ich tausendfach geschenkt - Freude, die ich anderen bereite, fühle ich in mir - Harmonie, die ich ausstrahle, breitet sich in meiner Gegenwart schnell aus und macht das Miteinander noch schöner.

• Neue Wege, die ich gehe, geben mir die Möglichkeiten zu interessanten Erlebnissen: Andere Menschen und positive Erfahrungen dienen meiner geistigen und seelischen Entwicklung.

• Ich bin frei und weiß, dass alles, was geschieht, durch mich verursacht wird. Ich setze positive Ursachen, denen eine positive Wirkung folgt.

3. Vom Stress zur kreativen Ruhe

• Ich lasse los von den Äußerlichkeiten, besinne mich auf das Wichtige und Wesentliche. Ruhe und Harmonie finde ich in mir selbst. Meine Träume werden mir bewusst und ich sehe mich bereits an meinem Ziel.

• Ich kenne meine Fähigkeiten und ich weiß, was ich will.

• Alle schöpferische Kreativität lasse ich frei - ich erkenne, dass Unmögliches möglich wird, weil ich es kann und will.

• Ich bin am Ziel meiner Wünsche. Mein Glück und meine Zufriedenheit finde ich in der inneren Erfüllung.

• Die tiefe Ruhe in mir lässt mich alles gelassen angehen und ich nehme mir die Zeit für mich selbst, um kennen zu lernen, was in mir angelegt ist.

• Ich fördere meine schöpferischen Anlagen und freue mich über alles, was ich erschaffe - gedanklich und praktisch. Ich bin schöpferische Energie!

4. Schön, schlank und attraktiv

- Ich nehme mich an, weil ich ein einzigartiger Mensch bin.
- Ich kenne meine positiven Anlagen, meine Fähigkeiten und meinen positiven Elan.
- Ich bin liebenswert, habe strahlende Augen (schöne Haare etc.), die alle Blicke auf sich ziehen.
- Meine Gedanken sind positiv und drücken sich in meinem Gesicht, durch meinen Körper aus.
- Alles, was in mir liegt, strahle ich aus: Liebe, Freude und Dynamik.
- Ich bin gelassen, weil ich auf mich vertraue, mich auf meine innere Führung verlasse und weiß, ich bin ICH.
- Innere Schönheit spiegelt sich äußerlich wider. Ich liebe mich, meinen Körper und meine Seele - ich bin das Licht.
- Meine Ausstrahlung macht die Welt lichter, liebenswerter und freundlicher.
- Ich lächle mich jeden Morgen an und gebe dieses Lächeln weiter.
- Ich bin in Harmonie mit mir, bin schön und begehrenswert.

Schlank

- Ich liebe mich und meinen Körper.
- Ich lasse los von allem, was mich begrenzt und finde den ruhenden Pol in mir selbst.

• Ich betrachte mich jeden Tag und ich mag mich, mag meine Proportionen und nehme meinen Körper an.

• Ich bin ein positiver Mensch und verbreite eine positive Atmosphäre um mich. Ich bin schön und schlank. Ich liebe das Leben und das Leben liebt mich.

• Ich esse bewusst das Richtige. Ich esse so viel, wie mein Körper benötigt. Dadurch fühle ich mich wohl, bin fit und komme meiner Idealvorstellung von meinem Köper immer näher.

• Meine Kleidung passt mir gut und ich sehe blendend aus. Ich bin schlank und mein Gewicht entspricht meiner Körpergröße.

• Meine Muskeln sind fest, meine Haut ist glatt und rein. Ich bin attraktiv, schlank und schön.

5. Frei von Abhängigkeiten

• Ich entscheide mich für innere Freiheit, die sich in äußerer Freiheit manifestiert.

• Ich weiß, dass ich selbst verantwortlich bin für mein Leben, und ich weiß auch, dass ich stark bin und alles kann, was ich möchte.

• Ich löse mich vom Nikotin (Alkohol). Wenn ich eine Zigarette rauchen möchte, fühle ich Übelkeit. Sobald ich meine Hand nach einer Zigarette ausstrecken will, hält mein Unterbewusstsein meine Hand zurück. Ich kann die Zigarette nicht anfassen.

• Es ist mir bewusst, dass meine Freiheit nur durch mich geschaffen werden kann. Ich bin frei von Zigaretten, bin offen für alles, was mir gut tut und mich mit positiven Impulsen erfüllt.

• Ich bin eine starke Persönlichkeit, die ihre Ziele erreicht. Unterstützt werde ich von meinem Unterbewusstsein, das alles tut, was mir gut tut, und mich glücklich macht.

Hinweis: Bei diesen Suggestionen sollten Sie ganz besonders vorsichtig sein. Wenn Sie z.B. den Satz verwenden würden »Beim Geruch von Zigarettenrauch wird mir schlecht«, wird Ihnen überall, wo geraucht wird, schlecht. Und wenn an Ihrem Arbeitsplatz oder in Ihrer Familie geraucht wird, dann ist Ihnen u.U. den ganzen Tag übel!

6. Sich öffnen für Liebe und Partnerschaft

• Mein Leben ist Liebe - Liebe zu mir und zu allen anderen Menschen.

• Ich liebe mich selbst und habe dadurch die Basis, Liebe zu verbreiten, wo ich auch bin. Mein Herz ist offen für alle Menschen, die sich wie ich für das Schöne und Positive entschieden haben.

• Ich bin stark, ruhe in mir und weiß, dass alles, was geschieht, zu meinem Besten ist. Dieses Wissen macht es mir möglich, den anderen anzunehmen.

• Ich sehe alles Schöne um mich herum, sehe die innere Schönheit und das Liebenswerte in meinen Mitmenschen.

• Mein Leben gefällt mir. Wenn die Zeit reif ist, dann begegne ich dem idealen Partner. Ich habe Geduld, nutze jeden Tag, mich selbst zu verwirklichen und mich weiterzuentwickeln.

• Alles, was ich tue, mache ich mit Freude und es gelingt mir. Dieses Wissen um meine Stärken vermittelt mir Zuversicht und Vertrauen zu mir selbst. Ich bin bereit für alles Neue, bin bereit für die Liebe.

• Ich lasse meine Gefühle zu, genieße die Liebe in ihren verschiedenen Ausdrucksmöglichkeiten. Ich kann mich öffnen für meinen Partner, ich genieße es, mit ihm (ihr) zusammen zu sein, seine (ihre) Liebe zu fühlen.

• Mein Körper ist bereit für ihn (sie). Ich lasse mich ganz fallen in dieses wunderbare Gefühl, entdecke immer wieder Neues und Erregendes.

• Liebe ist Lebensenergie. Liebe ist in mir und ich verschenke sie gern und aus vollem Herzen.

7. Lebensfreude

• Ich bin stark und sicher, ich weiß, was ich will, und ich freue mich auf jeden Tag.

• Ich begrüße den Tag, nehme mir Zeit, die Tagesziele zu überdenken und mich auf meine Aufgaben vorzubereiten.

• Alles gehe ich mit freudiger Erwartung an, vertraue auf meine Intuition und meine Kraft.

• Ich erlebe bewusst jeden Augenblick, bin dankbar für alle Erfahrungen, die ich machen darf. Durch die neuen Erkenntnisse erweitert sich mein Horizont.

• Meine geistige Entwicklung schreitet voran und ich sehe mein Ziel jeden Tag näher rücken.

• Mein Schritt ist elastisch, mein Geist wach, meine Augen und mein Herz sind offen für alles, was mir begegnet.

• Ich bin erfüllt von der Freude zu leben, zu lieben und zu genießen. Alles Schöne liegt in mir und ich setze es frei zu meinem Wohl und zum Wohl meiner Mitmenschen.

• Am Abend lasse ich den Tag Revue passieren, durchlebe noch einmal ganz besonders schöne Augenblicke, lasse das los, was nicht wert ist, es aufzubewahren.

• Ich danke meinem Unterbewusstsein für seine Hilfe.

8. Selbstbewusstsein

• Ich bin mir meiner SELBST bewusst.

• In mir liegen alle Möglichkeiten, mein Leben schön und erfüllt zu gestalten.

• Ich bin stark, bin frei und voller Zuversicht. Alles, was ich tue, macht mir Freude und bringt mir Erfolg.

• Ich bin eine starke Persönlichkeit, die durch ihre Ausstrahlung andere begeistert und interessante Menschen anzieht.

• Meine Sicherheit beruht auf dem Wissen um meine innere Kraft und ich vertraue auch auf mein höheres Selbst, das immer das Beste für mich auswählt.

• Ich bin geborgen in meiner Mitte, bin von positiven Schwingungen durchdrungen und liebe mich und das Leben.

• Ich bin in Einklang mit mir selbst, gebe positive Impulse und lebe das Leben nach meinen Vorstellungen.

• Ich weiß, was ich will, und ich bin auf dem Weg zum Ziel. Mit dem Vertrauen auf die geistigen Gesetze kann ich beruhigt loslassen von allen äußeren Einflüssen und auf die Kraft in mir bauen.

Wir freuen uns, dass Sie den Weg bis hierher mit uns gegangen sind. Auch wenn wir Ihnen die Arbeit nicht abnehmen konnten, so hoffen wir doch, dass wir Ihnen mit unseren Anregungen und Beispielen helfen konnten, die Tür zu Ihrem größten Schatz - zu Ihrem Unterbewusstsein - zu öffnen.

Wenn Sie die Selbsthypnose als eine Möglichkeit betrachten, sich zu erfahren, Ihre Probleme zu lösen und Ihr Energiepotential freizusetzen, dann wird vieles, was Ihnen noch vor kurzem unerreichbar erschien, in greifbare Nähe rücken:

Gesundheit, Liebe, Erfolg, Selbstbewusstsein - Erfüllung und tiefes Glück.

Literaturnachweis:

Bongartz, Bärbel und Walter: Hypnose, Kreuz Verlag

LeCron, Leslie: Selbsthypnose, Goldmann Ratgeber

Scharl, Hubert: Tiefenhypnose, Münks-Verlag für Medizin

Sepac, Reinhard: Erfolgreich durch Mentaltraining, Delphin-Verlag

Stadler, Karl F.: Hypnose-Therapie, Ariston

Tepperwein, Kurt: Die hohe Schule der Hypnose, Ariston

Wallnöfer, Dr. Heinrich: Seele ohne Angst, Müller-Verlag

Leserservice:

Felix Aeschbacher und Prof. Kurt Tepperwein persönlich erleben

Wünschen Sie tiefer in das Buchthema einzusteigen oder die Möglichkeit zu nutzen, die Autoren einmal live zu erleben?
Die Internationale Akademie der Wissenschaften bietet Ihnen die folgenden Seminare und Ausbildungen an:

Seminare:

- ❑ Optimales Selbstmanagement
- ❑ Perlen der Weisheit
- ❑ Erfolg-reich-Sein
- ❑ Erfolgreiche Praxisführung
- ❑ Gesund und vital
- ❑ Das Geldgeheimnis

Ausbildungen (Direkt- und Heimstudienlehrgänge)

- ❑ Dipl. LebensberaterIn
- ❑ Dipl. Mental-TrainerIn
- ❑ Dipl. Erfolgs-TrainerIn
- ❑ Dipl. Meditations-TrainerIn
- ❑ Dipl. Intuitions-TrainerIn
- ❑ Dipl. Bewusstseins-TrainerIn

Gesamtprogramme:

- ❑ Gesamtseminar- und Ausbildungsprogramm der IAW
- ❑ Neuheiten der Bücher-, Audio- und Videoprogramme von Kurt Tepperwein

Sie erhalten Ihre gewünschten Informationen selbstverständlich kostenlos und unverbindlich bei: